* Reclam 100 Seiten *

Karla Paul

Gilmore Girls. 100 Seiten

Reclam

Dieses Werk wurde vermittelt durch die
AVA international GmbH Autoren- und Verlagsagentur, München.
www.ava-international.de
Umschlaggestaltung nach einem Konzept
der ZERO MEDIA GmbH, München
Infografiken (S. 16 f., 26): Golden Section Graphics GmbH, Berlin
Bildnachweis: S. 15: Action Press / Warner Bros /
Courtesy Everett Collection
Gesamtherstellung: Reclam, Ditzingen. Printed in Germany 2017
RECLAM ist eine eingetragene Marke
der Philipp Reclam jun. GmbH & Co. KG, Stuttgart
ISBN 978-3-15-020445-0

Auch als E-Book erhältlich

www.reclam.de

Für mehr Informationen zur 100-Seiten-Reihe:
www.reclam.de/100Seiten

Inhalt

Staffel 1, Folge 1 (»Alles auf Anfang«) – erste Szene in Luke's Diner

Lorelai: »Bitte, Luke. Bitte, bitte, bitte!«

Luke: »Wie viele Tassen hast du dir heute schon genehmigt?«

Lorelai: »Keine.«

Luke: »Bis auf?«

Lorelai: »Fünf. Aber deiner ist besser.«

Luke: »Du hast ein Problem.«

Lorelai: »Ja!«

Luke: »Junkie.«

Lorelai: »Engel. Dich hat der Himmel geschickt, Baby.«

»Where you lead, I will follow« – Eine Liebeserklärung

> Where you lead, I will follow
> Anywhere that you tell me to
> If you need, you need me to be with you
> I will follow where you lead

Als im April 2004 die *Gilmore Girls* zum ersten Mal im deutschen Fernsehen (bei VOX) liefen, war ich Anfang 20 und hatte gerade mein Studium begonnen – und somit genug Zeit, um mich (lange bevor der Trendbegriff »Binge Watching« offiziell erfunden wurde) voll und ganz in die amerikanische Serie und vor allen Dingen ihre schönen, charmanten, lustigen Hauptdarstellerinnen zu verlieben. Zwei Frauen, die ebenso wie ich waren: nach Koffein süchtige, zielstrebige, schnell redende Verrückte mit Hang zu Fast Food und Literatur – ich stand unter Schock, seit *Friends* hatte ich nicht mehr so eine Nähe zu Fernsehfiguren empfunden. Montag bis Freitag kam jeweils eine Folge, jedes Jahr eine Staffel und die Zeit dazwischen konnte man im Idealfall nur mit Wiederholungen zu irgendwelchen unsittlichen Uhrzeiten füllen. Bis heute habe ich alle sieben Staffeln mit insgesamt 153 Episoden sicherlich über zwei Dutzend mal gesehen und dennoch hatte ich sie nie satt, ganz im Gegenteil. Es entstand eine tiefe Freundschaft zu Rory und Lorelai Gilmore, und sie ist über die Staffeln und Jahre immer intensiver geworden. Wo ich mich am Anfang als junge Studentin noch mehr in der Tochter wiederfand, so fühle ich inzwischen eher mit der Mutter, und egal, mit welchen Problemen rund um die Liebe, den Job oder die Familie die beiden konfrontiert wurden – ich teilte all ihre ironischen Kommentare und Augenrollmomente, ihre Verzweiflung mit den Eltern und den Männern und die Begeisterung für ein übervolles Leben mit zu viel Kaffee. Sie brachten mir viel über Feminismus bei, teilten mein großes Interesse für Bücher und nächtliche Lieferservicegelage, wandelten Fleiß und Ehrgeiz zu sympathischen Tugenden und vermittelten die Botschaft, dass mit den richtigen Menschen jede Katastrophe, jede durchgeknallte weibliche Gefühlslage irgendwie zu meistern ist.

Ich selbst entdeckte bereits sehr früh meine Liebe zur Literatur. Das ging sogar so weit, dass ich den aktiven Umgang mit anderen Menschen als kaum empfehlenswert empfunden habe, wenn man doch ebenso gut ohne große Wäsche und Umstände mit Helden jeglicher Art durch die Seiten fliegen konnte. Nerd sein war Ende der 80er-Jahre noch nicht cool und ich dementsprechend wenig beliebt. Mein Heimatort war klein, mein Freundeskreis ebenso und meine Leidenschaft zu Tolstoi und Ende wollte erst recht niemand teilen. Bücherlesen, das war lange vor Harry Potter eher noch ein guter Grund für den Kopf in der Schultoilette. Im Unterricht habe ich mich gelangweilt, Sport habe ich gehasst: Meine einzige Motivation war die Aussicht auf die ersehnten Ferienwochen, an denen mich mein Vater über Stunden und Tage mit meinen Büchern im Bett liegen ließ. Meine Großeltern hatten wie Emily und Richard Gilmore ein großes Haus mit eigener Bibliothek, in der ich mich tief versunken im Ledersessel in Herz und Kopf sattlesen konnte.

Mit Rory traf ich also endlich auf eine Gleichgesinnte und mit Stars Hollow auf eine Welt, die mir über die Jahre ein zweites Zuhause wurde – ein Gefühl, das ich sonst nur aus Büchern kannte. Eine Welt, die Frauen gleichberechtigt behandelt, sie ein selbstständiges Leben führen und an Karriereplänen stricken lässt, mit Problemen wie Teenagerschwangerschaft und Geldnöten konfrontiert und von der amerikanischen Autorin und Produzentin Amy Sherman-Palladino dennoch ausgleichend mit so viel Zuckerguss und konservativem Heile-Welt-Gefühl überzogen wurde, dass selbst Autounfälle und Herzinfarkte stets mit einem bis mehreren Bechern Kaffee samt Donuts irgendwie zu überstehen sind. Falls einmal nicht, gibt es die reichen Großeltern oder den ebenfalls aus wohlhabendem Haus stammenden Logan Huntzberger, die ihre Mädchen (selbstverständlich erst nach deren großem Widerstreben) zu retten wissen.

Apropos Zucker: Ein weiterer guter Grund, um die Gilmore Girls ins Herz zu schließen, ist ein liebenswertes, typisch amerikanisches Laster, ihre große Liebe zu vielem, gern ungesundem Essen und die offensichtliche Fähigkeit, trotz diesem und einem tiefen Widerstreben zu sämtlichen sportlichen Aktivitäten schlank und gesund zu bleiben. Während wir uns mit einem kohlenhydratreichen Mittagessen kaum noch in die Öffentlichkeit trauen, und bereits vor dem Frühstück Smoothierezepte und Pilatesfotos auf Instagram hochladen, lassen sich Lorelai und Rory lieber aufs Sofa fallen und bestellen erst einmal die komplette Karte der sie umgebenden Lieferserviceanbieter. Wer bei Luke einen Grünkernburger samt Weizengrassaft bestellen will, würde sich innerhalb weniger Sekunden außerhalb der Stadtgrenzen von Stars Hollow wiederfinden. Nicht nur das wöchentliche Essen mit den Großeltern spielt eine ebenfalls wichtige Rolle, auch das jährliche Thanksgiving-Ritual ist stets mit gleich mehreren Einladungen zu meistern, und Sookies vor Torten, Obstkörben, Cateringplatten und Gratins überquellende Küche gibt das Bild eines immerzu lockenden Schlaraffenland-Ablegers. Hier habe ich Hunger, hier will ich sein.

Genuss, Liebe, Literatur, Musik, Filme und Gemeinschaft – die Serie zeigt ein geschöntes Filterleben, eine Welt ohne Kiloprobleme, Unterhaltsstreitigkeiten, Regelschmerzen und politische Auseinandersetzungen, und Taylor Doose ist der Herr über das einzige soziale Netzwerk: den Marktplatz von Stars Hollow. Die *Gilmore Girls* sind ein Zufluchtsort, ein Ort ohne größere Sorgen (wenn Kirk nicht mal wieder vergisst die Ostereier einzusammeln), mit liebevollen Menschen in bunt gestrichenen Holzhäusern und einem Café, in dem immer ein Platz mit einem Stück Kuchen für den Zuschauer frei ist. Die Erfinder schufen mit der Serie die Antwort auf die von völlig falschen Klischees sowie überteuerten Magazinen geweckte Sehnsucht nach Selbstgemachtem auf dem Land: sieben Staffeln lang in Sepia-Gefühlen baden und am perfekten Leben teilhaben – aber eben nicht selbst perfekt sein müssen.

Die *Gilmore Girls* geben mir schon beim Einsetzen der ersten Töne von »Where you lead«, dem Titellied von Carole King, ein Gefühl von Heimkommen, ein wohlig-süßes Kakaoempfinden im Herzen. Ähnlich dem Pawlowschen Hund setzt dann das Bedürfnis nach einem langen Wochenende ein, gefüllt mit Büchern, alten Filmen, Pizza und der besten Freundin, die ebenso der Meinung ist: diese Männer, ich weiß ja auch nicht. Die *Gilmore Girls* sind ebenso wie Bücher die Erste-Hilfe-Linderung für all meine Probleme und passen (im Gegensatz zu Klamotten) einfach immer.

Wem es ebenso geht, den möchte ich gern in diesen 100 Seiten noch einmal nach Stars Hollow einladen. Holen Sie sich einen frischen Kaffee, bestellen Sie so viel Essen, wie Ihr Kontostand ermöglicht und Ihr Kühlschrank Platz hat, und versinken Sie gemeinsam mit mir in Liebschaften, Literaturschwärmereien und dem zauberhaften Leben unserer Gilmore-Mädchen.

Ein Gefühl von Heimkommen – von der Pilotfolge bis zur Fortsetzung auf Netflix

Das Grundprinzip der *Gilmore Girls* ist schnell erklärt: 16-jähriger Teenager aus reichem Haus wird versehentlich schwanger, überwirft sich mit den Eltern und baut sich und dem Baby in der nahen Kleinstadt ein neues Leben auf. Wiederum 16 Jahre später kann sie sich die Ausbildung der inzwischen flügge gewordenen Tochter nicht mehr leisten und muss die Eltern um Geld bitten. Diese geben es ihr bereitwillig, allerdings zum Preis eines wieder engeren Kontakts zu Tochter und Enkelin.

Aber reicht das konservative Kleinstadtleben einer Mittdreißigerin samt langweiligem Schulleben eines streberhaften Teenagers und das auch eher brave Liebesleben beider für sieben Staffeln? Weshalb begeistert die als sogenannte »Dramedy«, also als Mischung zwischen Comedy und Drama eingestufte Serie Millionen Frauen weltweit, was macht den besonderen Charme und die vor allen Dingen sehr starke Bindung zu den jeweiligen Hauptfiguren aus? Viele Gründe werden in diesem Buch aufgezeigt – der wirkliche Zauber kann allerdings nur beim Sehen entstehen, wenn man mehrere Folgen lang durchs herbstlich belaubte Stars Hollow gegangen ist und mit Rory und Lorelai Kaffee getrunken hat. Vielleicht entdeckt man sogar, dass man ebenfalls gern den ersten Schnee riecht, sich gern alte Filme von Katharine Hepburn und Spencer Tracy ansieht, mit Nachbarn Kuchen backt und seine Erfüllung ebenso in der Arbeit und an Stricknachmittagen mit Freunden findet.

Die Produzentin und Drehbuchautorin (u. a. auch von *Roseanne*, 1990–94) Amy Sherman-Palladino hatte die erste Projektidee bei einem Ausflug mit ihrem Mann Daniel Palladino (der später 44 der insgesamt 153 Episoden der Serie schrieb). Sie fuhren durchs herbstliche Connecticut und machten im kleinen Ort Washington (knapp 3500 Einwohner) halt, um im dortigen Café eine Pause einzulegen. Sie platzten in eine Szene, die Anstoß für Luke's Diner, einen der wichtigsten Plätze in der Serie, geben sollte: das Mobiliar war alt und verbraucht, nichts passte zueinander, die Gäste unterhielten sich wie bei einem Familientreffen und gingen sogar selbst hinter die Theke, alle fühlten sich offensichtlich wie zu Hause und die Palladinos waren spontan ein Teil davon geworden. Dieses warme Herbstgefühl mit einer Duftmischung aus frisch gebrühtem Kaffee, mit ofenwarmem Kuchen, den Stil des kleinen Ortes mit seinen Holzhäusern aus dem 18. Jahrhundert wollten sie wiedergeben. Amy schrieb noch in der Nacht die Grundidee und erste Episode der *Gilmore Girls* auf. Dank der Unterstützung des »Family Friendly Programming Forum« – einem Werbenetzwerk für familienfreundliches Fernsehen – konnte sie eine Pilotfolge realisieren, die am 5. Oktober 2000 im amerikanischen Time-Warner-Sender »The WB« zum ersten Mal ausgestrahlt wurde.

Hier hatte Palladino genau das richtige Gespür bewiesen und eine Gegenserie zum damals international erfolgreichen Frauenformat *Sex and the City* geschaffen – der alternative Lebensentwurf zum schnellen Großstadtalltag voller Sex, Parties und Markenkleidung, wo der richtige Mann über den Kontoauszug zu ermitteln und ein Kind eher Unfall als Wunschverwirklichung ist. Statt nach »höher, schneller, weiter« suchten also ebenso viele Frauen eine Bestätigung für Sofaabende, Strickmarathons und samstägliches Kuchenessen im Landcafé. Dieses Bedürfnis nach Ruhe ist in der schnelllebigen und hochkommunikativen Zeit über die letzten Jahre seit Drehende sogar noch mehr gewachsen, der Begriff »Achtsamkeit« ist das Schlagwort einer ganzen Branche und dabei nur die kommerzielle Verwirklichung des Landlebens, das in Stars Hollow längst selbstverständlicher und von Taylor Doose hart verteidigter Alltag ist. Dieser Ort ist das passende Zuhause für *Flow*-Käuferinnen und *Landlust*-Abonnenten, für Besucher von Food Markets und DIY-Messen, nur das mit dem dazugehörigen Trend »Healthy Living«, inklusive Sport und Veganer Ernährung … na, selbst ein Gilmore Girl kennt seine Grenzen.

Gerade männliche Zuschauer lassen sich eher selten für die Serie begeistern und sehen nur in der (sich niemals erfüllenden) Hoffnung zu, eine der beiden hübschen Hauptdarstellerinnen könnte mal ein Kleidungsstück fallen lassen. Realitätsfern sei es, zu kitschig, weichgespült und ähnlich verrückte, schnell redende Frauen gebe es ja schon im echten Leben genug. Dem kann die zugegebenermaßen wenig neutrale Autorin dieses Buches nur teilweise zustimmen. Gewiss ist der deutliche Mangel an Alltagsproblemen und gesellschaftlichen Auseinandersetzungen von Außenpolitik bis Wirtschaftsveränderungen mit überdeutlich ausgleichendem Vorhandensein von Happy-End-Aufschlägen eine watteweiche Mischung, Stars Hollow sozusagen das in der Serie sogar zitierte Who-Ville. Aber, meine Herren, zum Thema Realitätstreue in Serien nur drei Worte: *Game of Thrones*. Danke, wegtreten.

Als sich der Online-Streaming-Anbieter Netflix im Jahr 2015 dazu entschied, der weltweit immer noch sehr beliebten Serie erneut eine Chance und vor allem weitere Folgen zu geben, ging ein medialer Aufschrei durch die weibliche Digitalwelt, ein »Rewatch«, das heißt ein erneutes Ansehen aller Staffeln wurde anberaumt und der Starttermin dick im Kalender angestrichen. »A year in the life« nannte Netflix die ebenfalls unter der Hand von Sherman-Palladino und mit den Originalschauspielern entstandenen vier nach Jahreszeiten gedrehten Episoden zu je 90 Minuten, die von den Fans mit gemischten Gefühlen erwartet wurden. Kann dieses spezielle Gilmore-Feeling tatsächlich nach all den Jahren wiederbelebt werden? Will man wirklich eine Modernisierung des so geliebten Kleinstadtlebens und vor allen Dingen vielleicht nicht immer in Würde gealterte Hauptdarsteller sehen? Sollte man nicht eigentlich aufhören, wenn es am schönsten ist? Bei *Sex and the City* gingen die aus der Serie folgenden Filme gründlich daneben, die Fans waren verärgert, die Produzenten mussten sich Geldgier und mangelnde Inhaltsliebe nachsagen lassen. Sicherlich ist der finanzielle Erfolg in diesem Fall mit ein Grund für die Fortsetzung, denn weder Amy Sherman-Palladino noch die jeweiligen Schauspieler konnten nach den *Gilmore Girls* an den vorherigen Erfolg anknüpfen, mit Ausnahme von Sookie-Darstellerin Melissa McCarthy. Dennoch ist es auch eine Möglichkeit der Wiedergutmachung den Zuschauern gegenüber, die nach dem mit Senderstreitigkeiten begründeten Ausstieg Palladinos nach der sechsten Staffel den Gilmore-Charme in der Handlung sowie in den Dialogen vermissten und insbesondere mit dem offenen Ende mehr als unzufrieden waren. Die Produzentin stellte mehrfach klar, dass sie sich einen anderen Ausgang gewünscht und in Planung gehabt hatte – ob sie dies nun wiedergutmacht?

Zudem bleibt abzuwarten, ob die achte Staffel tatsächlich nicht nur alte Fans reaktivieren kann, sondern auch neue Zuschauer für die Serie gewinnt. Das Seriensehverhalten hat sich inzwischen längst gewandelt – niemand wartet mehr freiwillig einen Tag oder gar eine ganze Woche lang auf eine neue Folge. Gerade die sehr erfolgreichen Produktionen haben deswegen enorme Probleme mit illegalen Downloadbörsen, wenn sie nicht gleich die komplette Staffel ins Netz stellen – *Game of Thrones* verlor hierdurch weltweit Millionen an Umsatz. »Binge Watching« bezeichnet den Trend, eine komplette Staffel oder sogar die ganze Serie am Stück zu sehen. Der eigentlich bereits im Jahr 1997 als Online-Filmverleih gegründete Dienst Netflix bietet seit 2007 auch das aktuell so beliebte Streaming-Modell an. Mittlerweile sind dort nicht mehr nur die Serien und Filme großer Studios international abrufbar, sondern der Anbieter produziert auch eigene Serien mit exklusivem Zugang für die Abonnenten. Dazu gehören zum Beispiel *House of Cards*, *Orange is the new black*, *Narcos* und *Bloodline* – aber inzwischen auch die unter eigener Regie fortgesetzten Produktionen von bereits erfolgreichen Serien wie *Full House* (allerdings mit mäßigem Erfolg) und eben die *Gilmore Girls*.

Durch den extrem günstigen Monatspreis – insbesondere für Familienabos – hat eine große Zahl an Konsumenten Zugriff auf die von Streaming-Anbietern bereitgestellten Inhalte. Ihre Zielgruppe sind die Zuschauer im Alter zwischen 15 und

35 Jahren mit einem mittleren Einkommen, also eigentlich genau die Altersgruppe, die sich bereits beim ersten Start für *Gilmore Girls* interessiert hat. Einige der Zuschauer von damals sind zwar unterdessen etwas älter als die Netflix-Kernzielgruppe, aber wohl ohnehin wieder mit von der Partie. Im Idealfall maximiert sich also der »Gilmore Charme« noch einmal – was man auch schon an dem Online-Hype ablesen kann, den bereits die Verkündung der ersten Nachrichten über die neue Staffel ausgelöst hat. Die sogenannten »CommuniTeens«, die sich per Hashtag und auf verschiedenen Themenforen im Internet miteinander vernetzen, finden hier sehr schnell Anschluss über dementsprechende, von den Serienmachern wie auch von den Schauspielern gestartete Kanäle (siehe Linktipps am Ende des Buches). Der jederzeit verfügbare und praktisch nebenher laufende »SecondScreen« ermöglicht einen direkten Austausch zum Geschehen in der Serie und weltweit schnelle Vernetzung mit anderen Fans. Digital hat Netflix also mit dem Restart der Gilmores alles richtig gemacht und unter seinen Zuschauern die richtige Zielgruppe und auch die alten Fans erreicht. Ob Netflix auch inhaltlich punkten kann und die Serie von ihrem antiquierten, klassischen Staub befreit, ohne den berühmten und geliebten Charme zu ruinieren, das werden wir sehen. Aber im Notfall gucken wir einfach alle noch einmal zusammen in Kirks Vorführraum *Pippi* – das hilft immer!

Die Gilmore-Familie – Ein Stammbaum voller Trotzköpfe

Jede Familie hat ihre eigene Geschichte, und wir dürfen glücklicherweise die der Gilmores sieben Staffeln lang begleiten. Gerade die vier Generationen an Frauen sorgen immer wieder für hohes Konfliktpotenzial – wenn sie einmal in Fahrt kommen, sollten sich die dazugehörigen Männer lieber in Acht nehmen. Alle vereint ihre Intelligenz, ihre Selbstständigkeit sowie der typisch schwarze Gilmore-Humor, der ihr Umfeld regelmäßig in Angst und Schrecken versetzt. Wer die Mitglieder nicht mehr so genau in Erinnerung hat oder sie am Ende gar nicht alle kennt – hier ein kurzer Überblick:

Lorelai »Rory« Leigh Gilmore (* 8.10.1984; Schauspielerin: Alexis Bledel): Rory ist zu Beginn der Serie 16 Jahre alt und Schülerin an der Stars Hollow High. Sie wird bald darauf an die Privatschule Chilton Highschool wechseln und später entgegen jahrelangen Plänen statt nach Harvard als Studentin an die Yale Universität gehen. Von Anfang an ist sie ehrgeizig, sehr organisiert und muss aufgrund ihrer chaotischen und Vollzeit arbeitenden Mutter bereits früh Verantwortung übernehmen. Seit ihrer Kindheit hat sie das Ziel: Journalistin werden und im

Idealfall gleich wie die Amerikanerin Christiane Amanpour über die Weltpolitik berichten. Aber dafür braucht es noch einige Schul- und Studienjahre, und die ein oder andere Katastrophe bringt sie kurzzeitig von ihrem Weg ab.

Rory wächst im beschaulichen Örtchen Stars Hollow auf und hat aufgrund des verhältnismäßig geringen Altersunterschieds und vieler Gemeinsamkeiten, was die Liebe zu Junkfood, Filmen sowie natürlich Kaffee betrifft, ein sehr enges Verhältnis zu ihrer Mutter Lorelai. Sie sind eigentlich mehr Freundinnen als Mutter-Tochter-Gespann, was sicherlich nicht immer ein besonders gesundes Verhältnis ist und auch nur im Fall einer derart braven Rory funktioniert. Anders als Lorelai ist sie sehr strebsam, wirkt weit erwachsener, erzieht sich quasi selbst und hat hohe Moralvorstellungen, an denen sie im Lauf der Serie manchmal scheitern wird – im Gegensatz zu anderen Teenagern rebelliert sie allerdings kaum.

Ihre Liebe zur klassischen, aber auch modernen Literatur nimmt viel Raum ein – sowohl an Zeit in der Serie als auch räumlich in ihrem Zimmer, wo selbst die Kommode und der Platz unter ihrem Bett noch mit Büchern gefüllt ist. Gegenüber ihrer Familie, den teilweise sehr nervigen Stadtbewohnern und den besten sowie sehr gegensätzlichen Freundinnen Lane Kim und Paris Geller, die sie die Serie über begleiten, beweist sie hohe Loyalität.

Vielen Zuschauern ist sie aber im Lauf der Serie zu nett, zu zahm, zu perfekt – immer lustig, charmant, intelligent, treu, schlank und bildhübsch. Ihre Affäre mit dem verheirateten Dean wirkt wenig wild und schuldvoll, die zu Ende der 5. Staffel angedeutete Rebellion in Darstellung des Yacht-Diebstahls mit Logan Huntzberger als auch der darauf folgende Studienabbruch ist kaum ernst zu nehmen, wenn die frisch gewaschene Rory nach ihren Sozialstunden den millionenschweren »Daughters of the American Revolution« bei der Organisation von Spendenparties hilft. Man darf davon ausgehen, dass Rory noch nie geschminkt oder mit ungeputzten Zähnen ins Bett gegangen ist. Aber wir sind mit ihr aufgewachsen und wer Tochter der chaotischen, durchgedrehten und lauten Lorelai ist, dem entschuldigen wir jeden heimlichen Putzzwang und Perfektionswahn!

Noch ein bisschen braver scheint da die Schauspielerin Alexis Bledel (* 16. 9. 1981) zu sein, die Gerüchten zufolge nicht einmal Kaffee mag und während der kompletten Drehzeit stattdessen Cola in den Tassen hatte. Die *Gilmore Girls* waren ihre erste Rolle und darauf folgte gleich die weltweite Bekanntheit, die damalige 16-Jährige war aber gerade anfangs mit den Drehanforderungen oft überfordert. So musste Kollegin Lauren Graham sie während des Drehs oft zu den richtigen Stellungspunkten führen und hatte sie deswegen gerade in den ersten Folgen häufig im Arm. Sie wuchs aber in ihre Rolle wie auch in die Stars Hollow-Familie hinein und arbeitete zeitgleich noch als Model. Wie auch in den Augen vieler Kollegen war sie in Hollywood nach dem Dreh der *Gilmore Girls* trotzdem weiterhin auf ihre Rolle als Everybody's Darling festgelegt, was sich auch mit *Sin City* nicht änderte. Über die unschuldige, verzweifelte Ehefrau in der Serie *Mad Men* (dessen Star Jon Hamm alias Don Draper im Übrigen ebenfalls einmal einen Verehrer von Lorelai spielte) lernte sie ihren Ehemann Vincent Kartheiser kennen, mit dem sie im Herbst 2015 ein Kind bekam. Wie Rory Gilmore engagiert sie sich auch im echten Leben für den demokratischen Politiker und Präsidenten der Vereinigten Staaten Barack Obama.

Gesprochen wird Rory im Deutschen von der Synchronsprecherin Ilona Brokowski, die manch Zuschauer vielleicht noch als »Claire« aus *Lost* und »Dawn Summers« aus *Buffy* kennt. Zudem spricht sie auch die »Barbie« in der gleichnamigen Fernsehserie.

Lorelai Victoria Gilmore (* 26. 4. 1968; Schauspielerin: Lauren Graham): Lorelai ist bei sehr konservativen und wohlhabenden Eltern aufgewachsen, Emily und Richard, und hat immer mehr gegen deren, in ihren Augen spießige Wertvorstellungen rebelliert. Als sie mit 16 Jahren ungewollt schwanger wurde, mit dem Kindsvater Christopher aber keine gemeinsame Zukunft sah und nach der Geburt des Kindes (Rory) noch mehr unter den Reibereien mit ihren Eltern litt, ist sie abgehauen. Sie jobte anfangs als Zimmermädchen im Independence Inn und arbeitete sich in den folgenden Jahren zur Managerin des Hotels hoch. All das erfährt man in der Serie aus Rückblicken. Mit ihrer besten Freundin, der Köchin Sookie, erfüllt sie sich dann den Traum vom eigenen Hotel: sie eröffnen das verwunschene Dragonfly Inn.

Als sie Tochter Rory erst auf eine Privatschule und später auf die Universität schicken will, reichen ihre eigenen finanziellen Mittel nicht mehr aus und sie muss ihre eigentlich so verhassten Eltern um Geld bitten. Diese gewähren ihr sofort Kredit, aber nur unter einer Bedingung: Lorelai und Rory werden ab diesem Moment jeden Freitag zum Essen kommen und sie wieder an ihrem Leben teilhaben lassen. Der Deal steht und die Serie kann beginnen.

Ihre schwankenden Emotionen unterscheiden sie von Tochter Rory und lassen immer wieder Beziehungen zerbrechen; Lorelai hat Angst vor einer wirklich festen Bindung und rebelliert gegen alles, was sie nicht selbst kontrollieren kann – dies gilt sowohl für die stets schwierige Kommunikation zu ihren

Hintere Reihe von links nach rechts: Lane Kim (Keiko Agena), Michel Gerard (Yanic Truesdale), Paris Geller (Liza Weil), Emily Gilmore (Kelly Bishop), Richard Gilmore (Edward Herrmann), Sookie St. James (Melissa McCarthy), Miss Patty (Liz Torres), Kirk Gleason (Sean Gunn). *Untere Reihe von links nach rechts:* Jess Milano (Milo Ventimiglia), Luke Danes (Scott Patterson), Lorelai Gilmore (Lauren Graham), Rory Gilmore (Alexis Bledel), Dean Forester (Jared Padalecki).

Eltern als auch die wechselnden, sehr unruhigen Männergeschichten. Ihre größte Liebe gilt von Anfang an Tochter Rory, für die sie auch alles tut – außer vielleicht kochen. Trotzdem gehört sie zu einer neuen Generation von Müttern, die neben ihrer Rolle als Familienoberhaupt und Alleinerziehende auch noch ein eigenes, privates Leben sowie einen Karrierewunsch

Lorelai Gilmore

Hotelleiterin Independence Inn, später Eigentümerin des Dragonfly Inn. Geboren am 26. April 1968 in Hartford. Größe: 1,75 m, Kleidergröße: 36/38. Gespielt von Lauren Graham, gesprochen von Melanie Pukaß.

Rory Gilmore

Schülerin, Studentin, später Journalistin. Geboren am 8. Oktober 1984 in Hartford. Größe: 1,70 m, Kleidergröße: 34. Gespielt von Alexis Bledel, gesprochen von Ilona Brokowski.

Die Gilmore-Familie
und -Freunde
verheiratet oder in Beziehung
verwandt
befreundet
Francine Hayden
Christopher Hayden
Georgia »Gigi« Hayden
Dean Forester
Paul Anka
Lorelai Gilmore
Rory Gilmore
Jess Mariano
Sookie St. James
Lane Kim
Paris Geller
Logan Huntzberger

hat. Lorelai ist weit vom Bild der perfekten Übermutter entfernt und fährt lieber in die Abendschule zum Wirtschaftskurs, als ihrer Tochter ein warmes Abendessen hinzustellen – die Nummer vom Pizzadienst muss reichen. Auch verschläft sie an Rorys wichtigem ersten Schultag, geht nicht zu den Elternabenden (außer um mit dem Englischlehrer zu schlafen) und verweigert sich den langweiligen Yale-Veranstaltungen. Dafür hat sie ihr in Stars Hollow ein warmes und sozial ausreichend vernetztes Zuhause geschaffen – jeder kennt, liebt und unterstützt ihre Tochter, die der offensichtliche Liebling des ganzen Ortes ist. Lorelai ist bekannt für schnelles Reden, ihren Sarkasmus, die Kaffeesucht und dafür, dass sie den ersten Schnee riechen kann, – aber auch für ihr großes Herz, was ihr bei den Bewohnern von Stars Hollow wie auch bei ihrer besten Freundin Sookie immer wieder Bonuspunkte einbringt.

Die in Hawaii geborene Schauspielerin Lauren Graham (* 16. 3. 1967) war die perfekte Wahl für Lorelai, beide Frauen verbindet viel, angefangen beim schnellen Plauderton und der Herzlichkeit bis hin zu ihren eher holprigen Anfängen. Graham schlug sich als Kellnerin durch und war sogar das Hunde-Maskottchen für den FIFA World Cup 1994. Nach einigen Werbespots und ersten Drehs bei *Townies*, *Seinfeld* und *Law & Order* (wo sie im Übrigen bereits mit Scott Cohen alias Max Medina spielte) hatte sie endlich Glück und bekam die Rolle der Lorelai Gilmore, die ihr Leben tatsächlich für immer verändern sollte. Sie erhielt dafür einen Golden Globe als beste Serienschauspielerin sowie weltweite Fanliebe. Ab Mitte der siebten Staffel agierte sie auch als Produzentin der Serie. Ebenfalls größeren Erfolg hatte sie neben einigen Filmauftritten mit der Serie *Parenthood* von 2010 bis 2015, wo sie auch ihren aktuellen Lebensgefährten, den Schauspieler Peter Krause, kennenlernte.

Nach ihrem Debütroman *Lieber jetzt als irgendwann* (Fischer Verlag, 2015) veröffentlichte sie im Herbst 2016 ihre Biografie *Talking as fast as I can – from Gilmore Girls to Gilmore Girls (and everything in between)* (bisher kein deutscher Verlag bekannt).

Besonders fleißig arbeiten musste in diesem Fall Melanie Pukaß, die als Synchronsprecherin für Lauren Graham die gefühlt unstoppbare Kommunikation sowie den ganz besonderen Witz der Lorelai an die deutschen Zuschauer übersetzte. Gute Ohren erkennen hier vielleicht ebenfalls Helena Bonham Carter, Halle Berry oder Sarah Jessica Parker wieder!

Christopher Hayden (* 1968; Schauspieler: David Sutcliffe): Rorys wohlhabender Vater Christopher kümmert sich in den ersten Jahren und Staffeln mehr schlecht als recht um sie und entzieht sich immer wieder der Verantwortung. Trotz großer Gefühle für Lorelai als auch für seine Tochter will er nicht wirklich erwachsen werden und lernt erst spät, wie er für die beiden da sein kann – was sich dann leider auch meist nur in finanzieller Unterstützung ausdrückt. Gerade als die Beziehung zu beiden wiederhergestellt ist, lernt er Sherry Tinsdale kennen, die er heiratet und mit der er Rorys Halbschwester Gigi bekommt. Trotzdem bleibt die Teenagerliebe zu Lorelai über alle Staffeln bestehen und das stetige Wiederaufflammen bringt einige Konflikte in die komplette Gilmore-Familie und nur wenige Bonuspunkte im Zuschauer/innen-Herz.

David Sutcliffe (* 8. 6. 1969) passt gut in das Bild des wilden, unsteten Charmeurs, der immer wieder mit seinem Motorrad vorfährt und die Herzen der Gilmores bricht. Der charmante, kanadische Schauspieler hatte bereits einige Auftritte in *Friends*, *Will & Grace*, *CSI: Miami* und *Private Practice*. Nebenbei hat er eine Ausbildung als »Certified Core Energetics Practitioner« (Körperpsychotherapeut) beim Radical Aliveness Institute in Südkalifornien absolviert, was durchaus nach etwas klingt, was auch auf Christophers Lebenslauf stehen könnte.

Emily Gilmore (* 1942; Schauspielerin: Kelly Bishop): Neurosen werden in der Gilmore-Familie groß geschrieben, und unter dem Perfektionismus von Emily haben neben Lorelai vor allen Dingen die ständig wechselnden Zimmermädchen zu leiden. Trotzdem haben Mutter und Tochter mehr gemeinsam, als sie sich oft wünschen – vor allem in puncto Sarkasmus nehmen sich beide wenig; bei den freitäglichen Abendessen stacheln sie sich oft gegenseitig an. Emily entstammt einer Generation, in der Frauen noch zur vermeintlich perfekten Ehefrau ausgebildet wurden, und diese Rolle versucht sie stets penibel auszufüllen und erwartet selbiges Engagement ebenso von ihrem Umfeld. Ihre Liebe und Unterstützung zu Gatte Richard wird in jeder Folge deutlich, und sie liebt ihre Rolle als Großmutter einer Schulbesten sowie ihr Engagement in sämtlichen Charityvereinen und bei den »Mothers of Revolution«. Sollte man mal in den Krieg ziehen müssen – Emily Gilmore hat man lieber auf der eigenen Seite! Dementsprechend stark kämpft sie aber auch wie eine Löwenmutter für ihre Familie, und obwohl sie ihre durchaus vorhandene, sehr große Liebe nicht immer zeigen kann, wird sie im Lauf der Serie deutlich zugänglicher und sucht immer wieder Lösungsmöglichkeiten für ihr angespanntes Verhältnis zu Tochter Lorelai. Gerade in diesem immer wieder aufflammenden Konflikt werden sich viele weibliche Fans, die selbst Mutter sind, wiederfinden: auch sie müssen in unserem Alltag immer wieder einen Ausgleich darin schaffen, wie sie ihre Kinder aufbauen, ihnen zugleich ihre Freiheit lassen, sie unterstützen und ihnen eine gute Freundin sind, je

Staffel 3, Folge 5 (»Ein verpatztes Date«) – Independence Inn / Telefon

Lorelai: »Independence Inn.«

Emily: »Du solltest deinen Namen nennen, wenn du ans Telefon gehst!«

Lorelai: »Entschuldigung. Independence Inn, Mutters größte Enttäuschung am Apparat. Besser?«

Emily: »Ja, danke dir!«

nach Alter und Beziehung. Oft ähnelt der Kampf um ein Gleichgewicht dem in der Serie – sowohl zwischen Emily und Lorelai als auch zwischen Lorelai und Rory, was in dementsprechend bissigen Wortgefechten in nahezu jeder Folge zu erleben ist.

Obwohl die Schauspielerin Kelly Bishop (* 28. 2. 1944) sich vor dieser Serie längst eine Karriere aufgebaut hatte und zum Beispiel bereits die Mutter der Jennifer Grey in *Dirty Dancing* spielte sowie einen Tony Award für ihre Broadway-Performance der Sheila in *A Chorus Line* gewann, erhielt ihre Karriere mit der Rolle der stilvollen, ehrgeizigen und schlagfertigen Emily Gilmore noch einmal erneuten Antrieb. Damit schaffte sie es sogar in die *Vogue* – diese schrieb einen Artikel darüber, welche Lektionen man von der Matriarchin des Gilmore-Clans mit der Vorliebe für Martinis lernen könne, wie zum Beispiel: »Familie geht immer vor«, »Kenne den Wert eines guten Accessoires« oder »Shopping ist Hochleistungssport – hol dir die Goldmedaille«.

Richard Gilmore (* Januar 1943; Schauspieler: Edward Herrmann): Wie viele Männer seiner Zeit kann auch Richard Gilmore mit Kindererziehung nicht viel anfangen – alle Belange in den Bereichen Familie und Haushalt sowie die dazugehörigen

Streitereien überlässt er Ehefrau Emily und widmet sich viel lieber der leitenden Arbeit in einem internationalen Versicherungskonzern oder seiner Liebe zur Literatur. Genau hier findet er später Anknüpfungspunkte mit Enkelin Rory, die ihm immer mehr ans Herz wächst und mit der er viele Eigenschaften wie den Ehrgeiz, die Liebe zur Literatur sowie das Studium in Yale teilt. Trotz einer kurzen Phase der Trennung von Emily passt niemand besser zu seinem elitären Humor, der Vorliebe für den Golfclub oder den gemeinsamen Auftritten mit den Whiffenpoofs als seine Ehefrau.

Der in Washington geborene Schauspieler Edward Herrmann (* 21. 7. 1943; † 31. 12. 2014) studierte an der London Academy of Music and Dramatic Art und spielte seit 1971 Theater – bereits ein Jahr später trat er mit *Moonchildren* am New Yorker Broadway auf. Bereits 1976 erhielt er seinen ersten Tony Award sowie einen Emmy Award für die Serie *Eleanor and Franklin*. Er spielte im Lauf seiner Karriere in fast 100 Filmen und Serien mit und erhielt für seine hochwertige Darstellung mehrfach Preise. Auch als Rolle des strengen und dennoch liebenswerten Großvaters in *Gilmore Girls* gewann er alle Zuschauer für sich – ebenso das komplette Drehteam. Edward Herrmann unterzeichnete noch den Vertrag für *A year in the life*, verstarb aber 2014 mit 71 Jahren an einem Gehirntumor – sein Tod wurde in die Serienfortsetzung integriert.

Lorelai »Trix« Gilmore (* 4. 5. 1917; Schauspielerin: Marion Ross): Richards Mutter Trix beweist Emily, was wahrer Perfektionismus ist, und ist ihr Spiegel für das spätere Verhältnis zur eigenen Tochter. Sie taucht gern spontan auf, wird von ihrem Sohn vergöttert und terrorisiert die komplette Familie mit ihrer spitzen Zunge. Richtige Coolness beweist sie allerdings zwischendurch, als sie ihr Haus an die US-Metalband »Korn« vermietet, oder wenn sie nach dem Tod ihres Mannes Charles Abbott Gilmore einen Liebhaber hat, der zu Emilys Hohn sogar einen Jogginganzug trägt. In Staffel 4 verstirbt Lorelai »Trix« Gilmore und hinterlässt ihrer Familie noch mehr Geld.

Die Beerdigung von »Trix« nutzt Schauspielerin Marion Ross (* 25.10.1928) allerdings gleich für einen Doppelauftritt und spielt neben der Toten ebenso noch die Cousine Marilyn. Die älteste Darstellerin der *Gilmore Girls* hatte ihr Filmdebüt in *Forever Female* aus dem Jahr 1953 mit Ginger Rogers und William Holden. Zahllose weitere Filme und Serien wie *Happy Days, The Love Boat, Kung Fu Panda, Nurse Jackie, Grey's Anatomy* und *Two and a half men* folgten über die Jahrzehnte, die meisten davon mit Auszeichnungen wie mehreren Emmy Awards belohnt; und trotz ihres hohen Alters dreht Ross engagiert weiter.

Die Familie Gilmore hat sicherlich ihre Probleme untereinander und lässt auch keine Folge aus, um ihre Konflikte weiter anzustacheln. Trotz vieler gegenseitiger Verletzungen halten die Familienmitglieder aber als Team zusammen und vor allen Dingen halten sie es miteinander aus – und genau das ist eine sehr wichtige Moral der Serie: lasst die Fetzen fliegen und Wortgefechte krachen, aber am Ende des Tages wird so lange zusammen Martini getrunken, bis wir wieder in eine Richtung gehen. Sie jammern sehr schlagfertig und sarkastisch auf hohem finanziellen Niveau (und ebenso hohen Absätzen), aber am Freitagabend sitzt man wieder zusammen am Tisch, und der Pudding wird gefälligst aufgegessen. Reicht nicht für einen Poesiealbumspruch – dafür aber für sieben Staffeln Gilmore-Clash vom Feinsten!

Stars Hollow und seine Bewohner – Die Feste feiern, wie die Blätter fallen

»Dies, meine Süßen, ist eine Geschichte über wahre Liebe. Ein hübsches Mädchen aus einem Landkreis und ein ebenso hübscher Bursche aus einem anderen verliebten sich ineinander. Ihre Eltern lehnten diese Verbindung ab. Aber das junge Paar träumte von dem Tag, an dem es vereint sein würde. Die beiden schrieben einander bezaubernde Briefe voller Sehnsucht und Leidenschaft. Briefe voller Verheißungen und Pläne für die Zukunft.

Schon bald wurde den beiden jungen Leuten die Trennung schier unerträglich. Und dann, eines Nachts, es war kalt und dunkel und kein Licht wies ihnen den Weg, schlichen sie sich heimlich aus ihren Elternhäusern und liefen fort, so schnell sie konnten.

Doch es war so dunkel, dass sie sich schon bald verirrt hatten, und fast schien es, als würden sie nie zueinander finden. Schließlich fiel das Mädchen auf die Knie, Tränen netzten seine zarten Wangen und es rief: ›Oh, meine Liebe, wo bist Du? Wie kann ich dich finden?‹

Und plötzlich erschienen am Himmel Milliarden von Sternen und sie funkelten und strahlten so hell, dass sie das ganze

Land erleuchteten. Da sprang das Mädchen auf und folgte dem Licht der Sterne, bis es zu der Stelle kam, an der heute unser Stadtpavillon steht.

Dort wurde das Mädchen schon von seiner großen Liebe erwartet. Auch den jungen Mann hatten die freundlichen Sterne hierher geführt. Und dies meine lieben Kinder, ist die Geschichte, wie Stars Hollow gegründet wurde.« (Staffel 1, Folge 16, »Chaos der Gefühle« – Miss Patty über das Lichterfest)

Sookie, Kirk, Miss Patty, Taylor Doose und viele weitere herzliche und wunderliche Einwohner machen das fiktive Städtchen Stars Hollow zum perfekten Wohnort für die Gilmore Girls. Wer wohnt wo, wie viele Jobs hat eigentlich Kirk, welches Geschäft ist Schauplatz welcher Ereignisse und wie kommt man am schnellsten zum dringend benötigten Koffein in Luke's Diner – hier kommt ein kleiner Persönlichkeitsführer inklusive Stadtplan.

»Warum sollte man denn woanders sein wollen als in Stars Hollow? Das ist doch vollkommen verrückt?!« (Jess in Staffel 2, Folge 5) Stars Hollow ist der extra für die Serie erfundene bzw. relativ gut kopierte Wohnort von Lorelai und Rory Gilmore sowie Handlungsstätte vieler kurioser und wunderbarer Begegnungen. Er wurde, ebenso wie das reale Vorbild Washington, 1779 gegründet, liegt in Connecticut und ist circa eine halbe Stunde von der tatsächlich existierenden und ebenfalls in der Serie eine Rolle spielenden Hauptstadt Hartford entfernt. Wie in einem Agatha-Christie-Roman bewegen sich die an zwei Händen abzuzählenden Darsteller mit Ausnahme der Gilmore-Villa von Lorelais Eltern sowie Rorys Universität Yale nur selten aus dem Ort bzw. aus dem zentralen Bereich rund um den Marktplatz hinaus. Umso wichtiger sind deswegen die jeweiligen Geschäfte:

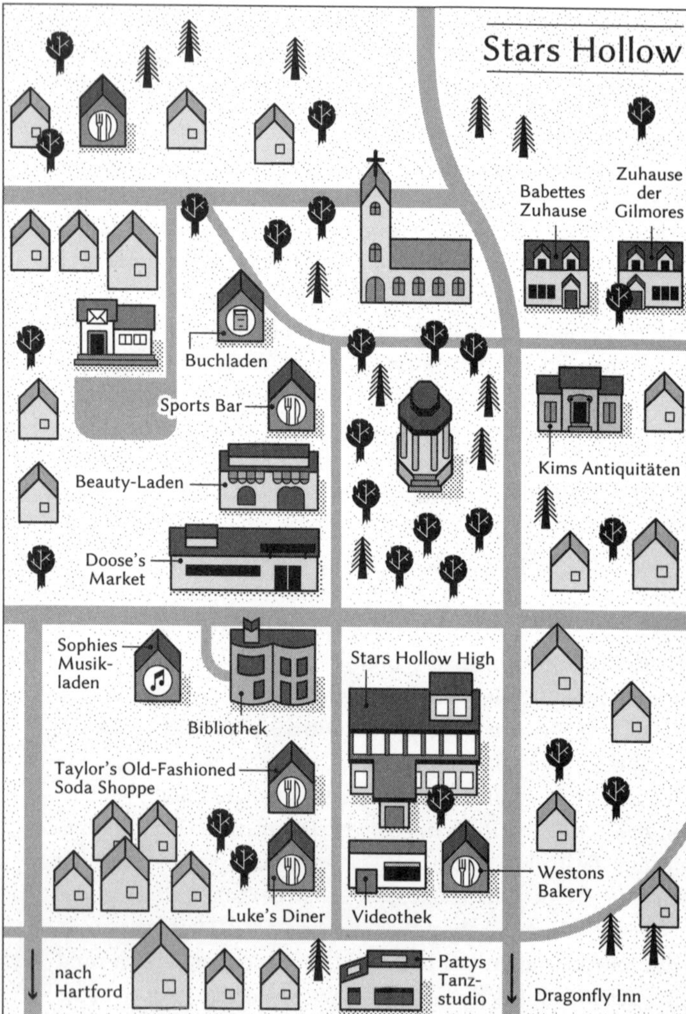
Stars Hollow
Babettes Zuhause
Zuhause der Gilmores
Buchladen
Sports Bar
Kims Antiquitäten
Beauty-Laden
Doose's Market
Sophies Musik-laden
Bibliothek
Stars Hollow High
Taylor's Old-Fashioned Soda Shoppe
Westons Bakery
Luke's Diner
Videothek
nach Hartford
Pattys Tanz-studio
Dragonfly Inn

Luke's Diner: Lukes Vater besaß einen Eisenwarenladen, den sein Sohn dann nach dessen Tod in ein Café umwandelte – die Einrichtung blieb allerdings erhalten und verleiht dem kleinen Bistro den ganz besonderen Charme. Völlig unterschiedliche Tische treffen hier auf alte, abgewetzte Stühle, keine Tasse sieht aus wie die andere. Der grummelige Inhaber duldet weder Mobiltelefone noch Hunde noch stillende Mütter im Café, hat seine Karte seit Jahren nicht mehr auf den neuesten Stand gebracht und trotz Alltagsmontur (Holzfällerhemd und Basecap) sowie Instagram-Ladeneinrichtung könnte er von einem Hipster nicht weiter entfernt sein.

Bei Luke gibt es die besten Burger samt Pancakes, literweise Kaffee sowie dank den Besuchern den frischesten Tratsch der Stadt.

Kims Antiquitäten: Rorys beste Freundin Lane Kim wohnt ebenfalls in Stars Hollow – ihre streng konservative Mutter Mrs. Kim besitzt dort ein Antiquitätengeschäft und herrscht mit harter Hand über Kunden sowie ihre Tochter. Im Laden findet man Möbel und Accessoires aus jedem Jahrhundert und zum garantiert besten Preis – allerdings wird nur mit sofortiger Abholung verkauft! Wer Single, alleinerziehend und/oder tätowiert ist, sollte sich lieber von Mrs. Kim und ihrem Haus fernhalten, eine Begegnung könnte unerwartet traumatische Folgen haben, wie Lorelai Gilmore in vielen Szenen erfahren muss.

Pattys Tanzstudio: Die Kinder von Stars Hollow erhalten hier ihre Ballettausbildung bei Miss Patty, einem ehemaligen Broadwaystar mit 40-jähriger Bühnenerfahrung. Weiterhin werden hier sämtliche Stadtvorführungen geprobt, Hochzeitswalzer erlernt und Geheimnisse gehütet, wie zum Beispiel das von der ersten gemeinsam verbrachten, wenn auch verschlafenen Nacht von Rory und Dean. Außerdem findet hier die wöchentliche Stadtversammlung unter der Leitung von Taylor Doose statt.

Doose's Market: Taylor ist der inoffizielle Bürgermeister der Stadt sowie Besitzer des kleinen Supermarkts Doose's Market – der perfekte Tante-Emma-Kleinstadt-Laden für die nötigsten Einkäufe. Wer sich dort tummelt, muss damit rechnen, dass Taylor ihn ständig belehrt, wird aber dafür vielleicht von Dean oder Kirk bedient. Für größere Einkäufe fährt man lieber nach Hartford oder besucht die Obst- und Gemüsestände auf dem Marktplatz, sollte sich dabei aber lieber nicht von Taylor erwischen lassen.

Nach einigen Jahren eröffnet Taylor direkt neben Luke's Diner noch das Süßwarengeschäft »Taylor's Old-Fashioned Soda Shoppe And Candy Store« im original 60er-Jahre-Stil.

Stars Hollow High: Die Kinder von Stars Hollow haben ihre eigene Highschool, auf der Rory in der ersten Staffel gerade ihre letzten Tage verbringen darf, bevor sie auf die Privatschule Chilton wechselt. Trotzdem spielt die Schule weiterhin eine wichtige Rolle, da sowohl Lane als auch Dean dort ihren Abschluss machen.

Natürlich gibt es in Stars Hollow auch einen Buchladen (Christopher wird dort einmal nicht genug Geld haben, um Rory ihre geliebte Lektüre zu kaufen), eine Videothek (dort, in Dooses Videothek, herrscht dank Rorys Unterstützung eine strenge Zensur), ein Kino, von Kirk geleitet, mit Privatvorführungen, und Gypsys Autowerkstatt. Weiterhin locken Al's Pancake World mit wechselnden internationalen Gerichten und Weston's Bakery mit diversen Kuchen. Sollten sie einmal das wunderbare Stars Hollow besuchen wollen, dann steigen sie natürlich in Lorelais und Sookies späterem Hotel Dragonfly Inn ab, weil das Independence Inn leider durch einen Brand zerstört worden ist.

Die wichtigsten Bewohner

Luke Danes (Schauspieler: Scott Patterson): Luke ist in Stars Hollow aufgewachsen und Besitzer von »Luke's Diner«. Er ist ein Mann, der sein Leben und seinen Laden im Griff hat und nur von einem umgeworfen werden kann: dem übersprudelnden Leben der Gilmore Girls.

Seit ihn Exfreundin Nicole vor wenigen Jahren verlassen hat, versagt er sich weitere Frauengeschichten ... bis Lorelai in sein Leben tritt, jeden Tag mit Rory bei ihm Pancakes frühstückt und die beiden völlig abhängig von seinen Koffeinlieferungen werden. Sein Herz ist ebenso groß wie sein Kochtalent und so lässt er sich immer wieder überreden, bei den eigentlich verhassten Stadtratssitzungen dabei zu sein und die verschiedensten Handwerkeraufgaben zu übernehmen. Außerdem nimmt er seinen Neffen (und späteren Freund von Rory) Jess bei sich auf, hilft dessen Mutter und neuem Freund auf dem Mittelaltermarkt aus, wird ein Ersatzvater für Rory und ist vor allen Dingen für seine leibliche Tochter April da.

Scott Patterson (* 11. 9. 1958) brach mit der Rolle des Luke Danes wohl die Herzen aller Zuschauerinnen – jede wollte einen Mann wie ihn: gutaussehend, stark, handwerklich begabt, selbstständig, liebe- und humorvoll. Luke ist ein Mann, der einem den Kaffee ans Bett sowie die Kinder in die Schule bringt, nebenbei ein Haus baut und die Fische fürs Abendessen fängt sowie in passenden Momenten den Mund hält und einen in den Arm nimmt – ähnlich dem Aidan Shaw in *Sex and the City*, niemand konnte ihm wirklich böse sein. Im Original schlägt Scott Luke noch, denn während Luke den Gilmore-Großeltern als Cafébesitzer zu einfach gestrickt war, hat der Schauspieler vergleichende Literaturwissenschaften und Schauspiel studiert und bereits früh in Theaterrollen brilliert.

Ob die durchschnittliche *Gilmore Girls*-Zuschauerin aber ebenso ein Fan der Splatter-Horror-Filmreihe *Saw* ist, in der er über drei Filme mitspielte? Auch in *Alien Nation* spielte er mit. Der ehemalige Baseball-Profi (daher auch die beständigen Anspielungen mit Lukes Baseball-Caps) hatte aber auch Gastrollen in *Seinfeld*, *Will & Grace* und *CSI: Miami*.

Lane Kim (Schauspielerin: Keiko Agena): Lane ist Rorys beste Freundin und die Tochter von Mrs. Kim, der Besitzerin des Antiquitätengeschäfts. Was aus deren Mann und Lanes Vater wurde, wird nie ganz klar bzw. von den Serienproduzenten nicht aufgelöst. Die Kims gehören der Adventistengemeinde an und fühlen sich demnach einem streng konservativen Leben verpflichtet, was Lane aber völlig widerstrebt. Sie liebt bereits früh genau die Musik, die ihre Mutter für Teufelswerk hält: Rock, Metal, Indie, und versteckt im Kinderzimmer hunderte CDs. Wenig später gründet sie sogar eine eigene Band namens Hep Alien, mit der sie durch Amerika tourt. Sie verliebt sich in den Gitarristen Zack van Gerbig, die beiden heiraten und bekommen Zwillinge, so dass sie schlussendlich doch fast ein ebensolches Leben führt, wie es sich ihre Mutter immer für sie vorgestellt – und der Zuschauer doch eigentlich ganz anders gewünscht hat. Ähnlich einem Stephen King-Roman scheint trotz zwischendurch leise aufkommender Hoffnung niemand Stars Hollow zu entkommen, selbst die wilde Lane nicht. Schade eigentlich.

Amy Sherman-Palladino nahm ihre beste Freundin und Produzentin Helen Pai als Grundlage für die Rolle der Lane Kim, und Lanes Bandname »Hep Alien« ist ein Anagram aus deren Name.

Die auf Hawaii geborene Darstellerin Keiko Agena (* 3.10.1973), die in Wirklichkeit zehn Jahre älter als ihre Rolle Lane ist und somit bei Drehbeginn statt wie die 16-jährige Lane bereits 27 war, spielte bereits vorher in einigen bekannten Serien, wie *Renegade*, *Emergency Room* und *Beverly Hills 90210*, und danach in *Transformers 3* sowie *Scandal*.

Miss Patty alias Patricia LaCosta (Schauspielerin: Liz Torres): In Stars Hollow braucht man weder ein schwarzes Brett noch Telefone, es gibt schließlich Miss Patty. Die ehemalige Broadwaydarstellerin flirtet nach vier Scheidungen immer noch für ihr Leben gern – vorzugsweise mit Männern, die halb so alt sind wie sie. Sie besitzt ein eigenes Tanzstudio, in dem sie Ballett unterrichtet und sich um die regionalen Vorführungen kümmert, und ist gemeinsam mit Lorelais Nachbarin Babette Dell der Tratsch-Umschlagplatz des kleinen Ortes.

Liz Torres (* 27.9.1947) ist nach über 50 Filmen und 100 Gastauftritten in diversen Serien und Shows wohl die erfahrenste Schauspielerin am Set. Die Komikerin, Sängerin und gute Freundin von Bette Midler verkörpert die ehemalige Broadwaydarstellerin Miss Patty deswegen so glaubhaft, weil sie selbst genau von dort kommt und gemeinsam mit Stars wie

Liza Minelli und Tony Bennett arbeitete. Schade, dass es für eine eigene Liebesszene in den *Gilmore Girls* nie gereicht hat – aber das Herz des attraktiven Luke Danes war ja drehbuchbedingt bereits anderweitig vergeben …

Taylor Doose (Schauspieler: Michael Winters): Taylor ist Besitzer des örtlichen Gemischtwarenladens, später des Süßwarenladens sowie der Videothek und weiterer Immobilien und zudem Stadtrat von Stars Hollow. Ihm liegt eine gewissenhafte Einhaltung der Regeln und Gesetze sehr am Herzen und er hält stets Augen und Ohren offen, wo es mögliche Überschreitungen zu ahnden gibt. Immer wieder übertreibt er es damit mächtig und legt sich so regelmäßig mit der halben Gemeinde an, allen voran mit Luke. Gleichzeitig hält er den Ort aber zusammen, organisiert mit Kirks Unterstützung fleißig jedes gefühlt täglich stattfindende Fest und sorgt so für exakt das charmante Stars Hollow-Gefühl, das uns Zuschauern so ans Herz gewachsen ist.

Der Schauspieler Michael Winters ist eigentlich ausgebildeter Theatermann und spielte dort sowohl vor der Serie als auch danach in großen Produktionen von klassischen Stücken William Shakespeares, John Irvings, George Bernard Shaws und anderer mehr, in Los Angeles, San Francisco sowie am berühmten New Yorker Broadway. Man kann ihn aber auch in alten Folgen der Serien *Fraser*, *Friends*, *Die Nanny*, *Ally McBeal* sowie *NYPD Blue* entdecken!

Sookie St. James (Schauspielerin: Melissa McCarthy): Sookie ist Lorelais beste Freundin sowie die Köchin und spätere Mitteilhaberin des Dragonfly Inn. Die liebevolle, optimistische und stets quirlige Frau ist die erste und beste Anlaufstelle für

Herzschmerz und die neuesten Geschichten über Emily und Richard. Im Lauf der Serie verliebt sie sich in den örtlichen Gemüsehändler Jackson Mellville/Belleville, heiratet ihn und das Paar bekommt drei Kinder. Ihre Küche quillt stets über vor leckeren Gerichten, glänzenden Torten und dampfenden Töpfen. Da ist es kein Wunder, dass man ihr den Beruf auch ansieht – sowohl an der Figur als auch an den ständigen, durch ihre Tollpatschigkeit verursachten Verletzungen.

Im Gegensatz zu manch anderen Schauspielern bescherte die Rolle in *Gilmore Girls*, in ihrem Fall die der lustigen, tollpatschigen Sookie, Melissa McCarthy (* 26. 8. 1970) einen wahren Karriereboom. Sie spielte danach eine Lehrerin mit ähnlichem Charakter als Hauptrolle in der Serie *Mike & Molly* sowie in mehreren Kinofilmen wie *Brautalarm*, *Taffe Mädels* und dem Remake *Ghostbusters*, zudem erhielt sie einen Emmy Award und wurde für den Oscar und von der BAFTA für eine Auszeichnung nominiert. Sie gründete mit ihrem Mann, dem Schauspieler und Regisseur Ben Falcone, eine Schauspielschule, produziert eine eigene Modelinie für Übergrößen und gilt als eine der bestverdienenden Schauspielerinnen weltweit. Aufgrund ihrer vielen Aktivitäten und inzwischen hohen Gagen war länger unklar, ob sie am Revival der *Gilmore Girls* teilnehmen würde – zur Freude aller Fans konnte dies jedoch bald darauf bestätigt werden.

Michel Gerard (Schauspieler: Yanic Truesdale): Gute Laune, Höflichkeit und bester Service sind die idealen Voraussetzungen für einen Hotel-Concierge. Schade, dass Michel nichts davon besitzt und sowohl die Gäste als auch seine Chefin Lorelai täglich davon in Kenntnis setzt, dass er nichts mehr hasst als den Kontakt zu seinen Mitmenschen. Er beschäftigt sich lieber

Staffel 3, Folge 19 (»Eine wilde Nacht«) – Independence Inn
Lorelai: »Äh, Michel … geht's Ihnen gut?«
Michel: »Seh ich vielleicht so aus?«
Lorelai: »Warten die Leute da auf einen Pagen?«
Michel: »Nein, auf ein regenbogenfarbenes Einhorn!!«

mit der neuesten Diät oder aber seinen Hunden Paw-Paw und Chin-Chin. An manchen Tagen kann man ihm mit etwas Glück ein Lächeln entlocken – zum Beispiel wenn seine Mutter zu Besuch ist, besser geht man ihm aber aus dem Weg und bringt vor allen Dingen die Kinder in Sicherheit. Aufgrund seiner speziellen Art, der fehlenden weiblichen Begleitung und der Liebe zu guter Kleidung sowie zu seinen Schoßhunden ging der Zuschauer lange davon aus, dass Michel vielleicht einmal als homosexuell geoutet wird, dies ist aber nie der Fall.

Der kanadische Darsteller Yanic Truesdale (* 17. 3. 1970) wurde am berühmten Lee Strasberg Theaterinstitut ausgebildet und konnte vor den *Gilmore Girls* bereits kleinere Rollen besetzen, danach leider kaum noch. Im Jahr 2011 eröffnete er deswegen in seiner Heimatstadt Montreal ein eigenes Tanzstudio und kehrte nur für die Dreharbeiten von *A year in the life* nach LA zurück.

Kirk Gleason (Schauspieler: Sean Gunn: Kirk ist wohl mit Abstand der wunderlichste Bewohner Stars Hollows, aber auch der fleißigste. Ganz am Anfang hieß er noch Mick – einer von vielen inhaltlichen Fehlern der Serie, dazu aber später im Buch. Mit einem Running Gag wandelte er sich zum heimlichen Serienliebling: der noch bei seiner Mutter lebende Single ist in fast jeder Folge in einem neuen Job zu sehen. Er ist tollpatschig, weltfremd, sozial fragwürdig und dennoch aus Stars Hollow nicht wegzudenken. Im Lauf der Serie verliebt er sich in die schöne Lulu Kuschner und erobert dank Lukes Hilfe ihr Herz (Lorelai: »Auch Verrückte brauchen Liebe!«, Staffel 5, Folge 17). Wer vielleicht nicht mehr jeden von Kirks Jobs in Erinnerung hat – hier eine Auflistung aller Stellen:

1. Telefontechniker in Lorelais Haus (Staffel 1, Folge 2) – noch als »Mick« * **2.** Schwananlieferung zur Hochzeit im Independence Inn (Staffel 1, Folge 3) * **3.** Stellvertretender Marktleiter in Doose's Market (Staffel 1, Folge 5 & Staffel 4, Folge 21) * **4.** Blumenlieferdienst für die 1000 gelben Margeriten (Staffel 1, Folge 21) * **5.** Organisator von Max' und Lorelais Verlobungsparty (Staffel 2, Folge 2) * **6.** Fotograf für die erste historische Ampelüberquerung (Staffel 2, Folge 3) * **7.** *Bewerbung:* Hochzeitsfotograf für Max und Lorelai (Staffel 2, Folge 3) * **8.** Mechaniker (Staffel 2, Folge 7) * **9.** Bedienung beim mittelalterlichen Bracebridge Dinner (Staffel 2, Folge 10) * **10.** Ungeziefervernichter/Inspektor in Lorelais Haus (Staffel 2, Folge 11) * **11.** Angesteller im örtlichen Videoverleih (Staffel 2, Folge 12) * **12.** Filmproduzent/Regisseur beim Freiluftkinoabend (Staffel 2, Folge 19) * **13.** *Bewerbung*: Angestellter in Sophie's Music Shop (Staffel 2, Folge 20) * **14.** Kosmetik-Verkäufer (Staffel 3, Folge 1) * **15.** Paketbote für Sookies Hochzeitsfotos (Staffel 3, Folge 2) * **16.** Spion für Taylor Doose (Staffel 3, Folge 3) * **17.** *Bewerbung*: Angesteller in Lukes zukünftigem Skateboard- und Hütchen-Laden (Staffel 3, Folge 3) * **18.** *Bewerbung:* Manager von Taylor Doose's Old Fashion Soda Shoppe (Staffel 3, Folge 3) * **19.** Bedienung in Weston's Bakery (Staffel 3, Folge 10) * **20.** Angesteller im Kosmetik-Shop (Staffel 3, Folge 12 & Staffel 4, Folge 1) * **21.** Leiter von Miss Pattys Tanzaufführung (Staffel 3, Folge 14) * **22.** Hockey-Spiel-Ansager (Staffel 3, Folge 15) * **23.** Briefträger (Staffel 3, Folge 16) * **24.** T-Shirt-Designer (Staffel 3, Folge 17) * **25.** Helfer beim Projekt der weltgrößten Pizza für Lorelais Geburtstag (Staffel 3, Folge 18) * **26.** Schimmelinspektor (Staffel 3, Folge 22) * **27.** Fallschirmspringer (Staffel 4, Folge 1) * **28.** Alarmanlageninstallateur (Staffel 4, Folge 4) * **29.** Briefkastenverkäufer (Staffel 4, Folge 6) * **30.** Planer des Firelight-Festivals (Staffel 4, Folge 13) * **31.** Hundesitter (Staffel 4, Folge 15 & Staffel 6, Folge 8) * **32.** Fahrradtaxi-Fahrer (Staffel 4, Folge 17) * **33.** Planer der Ostereiersuche in Stars Hollow (Staffel 4, Folge 18) * **34.** Postangesteller in der Filiale (Staffel 4, Folge 19) * **35.** Hochzeits-DJ (Staffel 4, Folge 21) * **36.** Feuerholzlieferant (Staffel 4, Folge 22) * **37.** Wahlbeauftragter für Umfragen (Staffel 5, Folge 4) * **38.** Kinoangestellter (Staffel 5, Folgen 5 & 14) * **39.** Flyer-Ausgeber im Hot-Dog-Kostüm (Staffel 5, Folge 6) * **40.** Verkäufer von Antirutschaufklebern für Badewanne & Dusche (Staffel 5, Folge 10) * **41.** *Bewerbung:* Angesteller im Dragonfly Inn – schleicht sich in die Personalversammlung (Staffel 5, Folge 12) * **42.** Schleifeneinsammler – Anlass: die Versöhnung von Luke & Lorelai (Staffel 5, Folge 17) * **43.** Mitarbeiter im Stars Hollow-Museum im Haus des alten Twickham (Staffel 5, Folge 18) * **44.** Fahrer des Abschleppunternehmens (Staffel 5, Folge 22) * **45.** Verkäufer der Verlobungsringe von Lorelai und Luke (Staffel 6, Folge 1) * **46.** Physiotherapeut beim Stars Hollow-Radrennen (Staffel 6, Folge 1) * **47.** Soldat als Repräsentant des historischen Stars Hollow / Tourismusamt (Staffel 6, Folge 6) * **48.** Planer des Winterkarnevals (Staffel 6, Folge 12) * **49.** Probenverteiler für Taylors Old Fashion Soda Shoppe (Staffel 6, Folge 13) * **50.** Immobilienmakler (Staffel 6,

Folge 17) * **51.** *Bewerbung:* möchte Luke's Diner übernehmen, während dieser mit April wegfährt – Luke möchte dies nicht (Staffel 6, Folge 18) * **52.** Gründet eine Barmann-Firma für Lanes Hochzeit (Staffel 6, Folge 19) * **53.** Heimkino-Veranstalter auf Aprils Geburtstagsparty (Staffel 6, Folge 20) * **54.** Fahrer des ersten Ampeltests in Stars Hollow (Staffel 7, Folge 1) * **55.** Betreiber von Kirk's Diner – dem Konkurrenzcafé zu Luke's Diner (Staffel 7, Folge 2) * **56.** Planer des »Knit-a-thon«-Strickwettbewerbs (Staffel 7, Folge 9) * **57.** Geschenkpapierverkäufer anlässlich Weihnachten (Staffel 7, Folge 10) * **58.** Liefert Foto-Blumen-Gesteck für die Beerdigung von Chin-Chin (Staffel 7, Folge 14) * **59.** Minotaurus für das Strohballen-Labyrinth (Staffel 7, Folge 18) * **60.** Wächter im Strohballen-Labyrinth (Staffel 7, Folge 18) * **61.** Diverse Aufgaben bei Rorys Verabschiedungsfest (Staffel 7, Folge 22).

Der Schauspieler Sean Gunn (* 22. 5. 1974) konnte nach der Serie keine größeren Filmerfolge oder Rollen für sich verbuchen – dabei hatten sich Fans sogar ein Spin-off mit ihm erhofft. Eigentlich müsste man meinen, dass Seans Portfolio nach so vielen Kirk-Jobs umfangreich sein und ihn für jede mögliche Stelle qualifizieren müsste. – Vielleicht sollte er mal beim städtischen Supermarkt in Washington anfragen?

Paris Geller (Schauspielerin: Liza Weil): Paris ist zwar keine tatsächliche Einwohnerin von Stars Hollow, als frühe Feindin und späte Freundin Rorys aber des Öfteren dort zu Gast: Als Rory auf die Chilton High wechselt, beginnt sofort der Konkurrenzkampf mit der vom Ehrgeiz zerfressenen Paris, die jeden in ihrem Umfeld durch ihre direkte, sarkastische Art in Angst und Schrecken versetzt. Als Scheidungskind erfährt diese nur durch maximale Leistung Anerkennung und arbeitet sich so erst gegen Rory und dann mit ihr gen Yale und zum Universitätsabschluss.

Liza Weil hatte sich ursprünglich für die Rolle der Rory Gilmore beworben. Sie passte nicht, machte aber einen so guten Eindruck, dass man extra einen Part für sie erfand: die ehrgeizige, manchmal sogar angsteinflößende Paris. Liza hatte bereits vor der für sie prägenden Rolle einige Nebenrollen, wie zum Beispiel in *Emergency Room* sowie *The West Wing* und eine Hauptrolle im Drama *Whatever*, und spielte auch danach weiterhin in sehr beliebten Serien, wie *Scandal*, *CSI: Vegas*, *Grey's Anatomy* und *How to get away with Murder*.

Besondere Feste in Stars Hollow

Stars Hollow bezaubert nicht nur mit seinen ebenso liebevollen wie kuriosen Einwohnern, sondern auch durch die traditionellen Feste, die jährlich, gefühlt minütlich gefeiert werden. Deswegen gilt es auch, sicherheitshalber niemals die wöchentlichen Stadtratssitzungen unter der Leitung von Taylor Doose und seiner Assistentin Miss Patty zu verpassen. Wichtige Festivitäten der Stadt sind unter anderen das Lichterfest, das Festival der lebenden Bilder, der Strickathon, das Filmfest, die Picknickkorb-Versteigerung und der 24-Stunden-Tanzmarathon, die Cider Mill-Parade sowie das Frühlingsfest. Zudem werden natürlich die üblichen Feste wie Valentinstag, Halloween, Thanksgiving und Weihnachten mit der ganzen, dementsprechend prächtig geschmückten Stadt gefeiert. Dank den *Gilmore Girls* ist das Vorbild Washington im Übrigen inzwischen so berühmt, dass es im Herbst sogar ein eigenes Fan-

Festival gibt, in dem sich der Ort in Stars Hollow verwandelt. Ein schöneres Gedenken kann es kaum geben, denn wie jeder Zuschauer weiß, spielen die gemeinsamen Feste und besonderen Tage eine ganz besondere Rolle

Der Dreh

Die komplette Filmstadt Stars Hollow ist das »Midwest Street«-Set der Warner Bros Studios in Hollywood, dessen berühmten Hügel man sogar öfter mal im Bildhintergrund entdecken kann. Es wurde ursprünglich 1946 für den Film *Saratoga Trunk* (*Spiel mit dem Schicksal*) gebaut, weitere Teile kamen in den frühen 90ern dazu.

Teile des Sets wie zum Beispiel der Marktplatz, Luke's Diner und Doose's Market wurden ebenfalls für *The Dukes of Hazzard* (Originalserie aus den 80ern) verwendet und können auch in der Theaterversion von *Music Man* aus dem Jahr 1962 entdeckt werden. Der Außenbereich des Dragonfly Inn – des Hotels von Lorelai und Sookie – war eigentlich das Zuhause der berühmten Fernsehserie *The Waltons* (1972). Das Set wurde auch für die aktuellen Serien *Hart of Dixie* sowie *Pretty Little Liars* genutzt.

»Ich liebe dich, du Idiot!« – Die Gilmores und die Liebe

Die Suche nach der kleinen bis großen Liebe beschäftigt Tochter und Mutter Gilmore bis über das Ende der siebten Staffel und der Zuschauer leidet stetig mit. Keine Folge kommt ohne Kummer oder neue Flirts und Verliebtheiten aus, die Herzen heilen aber immer schnell, Stars Hollow ist kein Ort für größere Traurigkeit!

Die größte Liebe der Serie findet sich gleich in der ersten Szene der ersten Folge – Lorelai Gilmore betritt (wie wir später erfahren, schon seit acht Jahren regelmäßig) Luke's Diner und verlangt vom Besitzer Luke Danes ihre übliche übergroße Tasse Kaffee. Sie werden die siebte Staffel auch zusammen beschließen – müssen aber vorher durch so viel Zusammenfinden und Trennen, durch Streit und weltbeste Freundschaft gehen, dass es dem Zuschauer nie langweilig wird. Aber war uns nicht schon von Anfang an klar – die beiden oder niemand?

Aber Lorelai wäre nicht die energiegeladene Gilmore, wenn nicht auch ihr Herz von Staffel zu Staffel die unterhaltsamsten Sprünge machen und sie in die ein oder andere Schwierigkeit bringen würde. Sie verliebt sich ganz am Anfang und laut ihrer Aussage zum ersten Mal seit der Geburt ihrer Tochter vor sechzehn Jahren wieder ernsthaft in einen Mann, in Rorys Englischlehrer Max Medina und läuft nach einem der romantischsten Heiratsanträge (»Thousand Yellow Daisies«/»Tausend gelbe Margeriten«) gleich wieder davon. Sie verliebt sich in Jason Stiles, er schenkt ihr seinen Wohnungsschlüssel – sie trennt sich von ihm. Und zwischendurch pendelt ihr übergroßes Herz zwischen Luke und Rorys Vater Christopher, von dem sie ebenfalls nicht lassen kann, und gerade als er sich für sie entscheiden will ... ist seine Freundin von ihm schwanger. Aber natürlich müssen die beiden trotzdem später wieder zusammenfinden, und als Christopher wesentlich reifer ist und Lorelai sich erneut frisch von Luke getrennt hat, fahren beide nach Paris und heiraten kurz entschlossen. So könnte die Familie Gilmore endlich glücklich zusammenfinden, wenn ... ja, wenn eben Luke nicht wäre ...

Richtig klar wird nicht, weshalb sich ausgerechnet Lorelai trotz der festen Bindung ihrer Eltern und der ebenso stabilen Rory nicht final auf einen Mann einlassen kann und immer wieder kalte Füße bekommt. Viele würden nun sagen »weil es im Drehbuch steht« und eigentlich müsste sich darum mal einer der von den Amerikanern sonst so geschätzten Psychologen kümmern. Manchmal möchte man Lorelai geradezu schütteln vor Wut, weil sie es wieder einmal verbockt hat (und die Panikattacke und Kurzschlussabreise im Fall Max Medina ist nur einer dieser Fälle). Stetig ist sie auf der Suche nach der wahren Liebe, nach dem einmaligen Gefühl, der einen Bindung, dem Mann fürs ganze, quirlige Leben und ist sich dann dennoch nie sicher, ob es gerade der aktuelle Ritter in glänzender Rüstung bzw. mit Kaffeebecher am Frühstückstisch ist. In den heutigen Zeiten von Dating-Apps wie Tinder und der sogenannten »Generation Beziehungsunfähig« trifft sie damit einen Nerv: Die Welt steht uns offen und zerbirst schier vor Möglichkeiten – Du kannst alles lernen, werden, jeden lieben. Woher weiß man denn, dass nicht hinter dem nächsten Online-Profil evtl. eine noch größere Liebe steckt, jemand, der zu zwei Prozent besser zu mir passt, mich mehr befriedigt, mehr zum Lachen bringt, und sollte, muss man sich denn inzwischen überhaupt noch festlegen? Diese Eventualitäten scheinen jedwede Beziehungslage ins Wanken zu bringen, die steigenden Scheidungsstatistiken wirken bestätigend und immer weniger Menschen haben offenbar genug Ausdauer, um unbequeme Beziehungsphasen zu überstehen. Die Sehnsucht ist da, wird getrieben von Büchern, Filmen, Werbespots, die Umsetzung muss hart erarbeitet werden und hier scheint es leichter, wieder auf ein neues Tinder- oder Parship-Date zu setzen.

Jedoch hat Lorelai im beschaulichen Stars Hollow weder Onlinedates noch Großstadtflirts, keine One-Night-Stands und zeigt auch in sonstigen Bereichen wie Karrieredingen größte Zuverlässigkeit und langfristige Planung. Aber ihr Herz ist ein einsamer Jäger, das zwar viele Verehrer, jedoch keine ruhige Minute findet – ganz nach ihrem Motto »Life is short – talk fast«!

Auch Rory steht ihrer Mutter in Liebesdingen in nichts nach. Sosehr sie sich eigentlich auf die Schule und ihre zukünftige Karriere konzentrieren will – schon in der ersten Folge geht der Ärger mit den Kerlen los.

Noch in der Stars Hollow High verdreht ihr Dean Forester den Kopf und könnte kein besserer erster Freund sein, was sich in späteren Folgen noch ändern wird. Er legt ihr seine kleine Welt und vor allen Dingen sein Herz zu Füßen, besucht mit ihr tapfer jeden Bücherflohmarkt und erträgt die gemeinsamen Filmabende mit ihrer Mutter. Aber er ist nicht cool und eloquent genug, und als dann der James Dean von Stars Hollow,

Staffel 1, Folge 7 (»Ein Kuss mit Folgen«) – Kims Antiquitätengeschäft

Rory: »Lane!«

Lane: »Was ist los?« –

Rory: »Ich wurde geküsst und ... und ich hab was geklaut.«

Lane: »Ist das dein Ernst? Wer hat dich geküsst?«

Rory: »Dean.«

Lane: »Der Neue?«

Rory: »Ja.«

Lane: »Der Neue hat dich geküsst? Oh mein Gott.«

Rory: »Es ging furchtbar schnell. Ich hab da gestanden und ...«

Lane: »Wo?«

Rory: »Im Supermarkt.«

Lane: »Er hat dich im Laden geküsst?«

Rory: »Ja, in Gang drei.«

Lane: »Beim Insektenspray?«

Rory: »Ja!«

Lane: »Oh, das ist ein guter Gang!«

Rory: »Woran erkennt man, dass er gut ist?«

Lane: »Ein Gang, in dem du mit dem Neuen knutschst, kann nur gut sein.«

der literarisch interessierte Jess Mariano (Lukes Neffe), die Bühne betritt und mit Rory über Hemingway und Bukowski diskutiert, ist Deans Zeit vorbei. Da hilft auch das kurze Aufwallen der jungen Liebe zu Rorys Studentenzeiten nichts – die jüngste Gilmore ist zu Größerem bestimmt und der heißt ab Staffel 5 Logan Huntzberger. Der arrogante und überaus wohlhabende Erbe eines Zeitungsimperiums ist sich erst nach einigen kleineren bis größeren Auseinandersetzungen sicher, dass die intelligente und wunderschöne Rory seine Zukünftige ist und erfüllt damit vor allem Richard und Emily einen großen Traum. Aber wollte Rory nicht eigentlich mehr vom Leben, selbst Karriere machen und über internationale Krisenherde berichten, anstatt als reiche Ehefrau daheimzusitzen? Sie gibt ihm einen Korb und zieht mit Barack Obama in die Welt des Politikjournalismus. Aber es wird sicher nicht lange dauern, bis ein neuer Mann das von Austen und Brontë geprägte Herz erobert …

So lange streiten sich die Fans zumindest online mit passenden Hashtags, wen man für Rorys geeigneten Herzmann hält – sind Sie für #TeamDean, #TeamJess oder #TeamLogan?

Gerade in Liebesdingen bleibt die Serie grundsätzlich sehr konservativ, sowohl bei den Mädchen als auch beim Rest der Gilmore-Truppe. Stets ist die große Liebe zu suchen und im Idealfall auch gleich zu heiraten – dies gilt nicht nur für Lane Kim und ihren Bandkollegen Zack, sondern auch für Sookie und ihren Jackson, Lukes Schwester und ihren Freund, Dean und Lindsay und selbst bei Rory und Lorelai läuft es stets auf eine feste Bindung mit Vermählung und selbstverständlich erst späterem Nachwuchs hinaus. Kein Wunder, dass Rory für ihren ersten Sex mit dem zu diesem Zeitpunkt verheirateten Exfreund Dean gleich vom ganzen Dorf gescholten und von Mutter Lorelai sogar kurzfristig verstoßen wird. Als Paris Rory in späteren Staffeln rät, mit dem in Europa lebenden Freund Logan, der ebenfalls aufgrund wechselnder Beziehungen mehrfach den Unmut der weiblichen Charaktere auf sich zieht, erotische Kurznachrichten für eine Belebung der Fernbeziehung auszutauschen, ist dieser das neu und unangenehm – unrealistisch für eine Studentin in ihrem Alter, realistisch für ein Gilmore Girl. Gleichgeschlechtliche Paare gibt es zudem ebenfalls generell nicht, dies wird auch nicht thematisiert – ungewöhnlich für eine aktuelle Serie rund um das Finden der großen Liebe, wo dies in alternativen Sendungen wie zum Beispiel *Buffy* längst Alltag war. Die mangelnde sexuelle Freiheit hat allerdings Folgen für den kleinen Ort – die Aufklärung lässt offensichtlich zu wünschen übrig, so dass z. B. die wilde Rockerin Lane zwar alle Regeln ihrer strenggläubigen Mutter bricht, dann aber dennoch bei beiden festen Beziehungen mit dem Geschlechtsverkehr bis nach der Hochzeit warten will (und die dazugehörigen Männer dies auch selbstverständlich mitmachen). Als diese dann endlich mit Zack vollzogen ist, wird Lane sofort schwanger und sie berichtet Rory entsetzt von den dazugehörigen Umständen. Wahrer Rock 'n' Roll könnte nicht weiter entfernt sein.

Trotz einem eigentlich grundsätzlich emanzipierten Geschlechterverhältnis darf die Liebe in der Serie also nur keusch und keinesfalls sichtbar körperlich ausgelebt werden, keine der Darstellerinnen ist jemals in Unterwäsche zu sehen. Wie so oft finden wir hier ein gutes Beispiel für das gespaltene Verhältnis der Amerikaner zu sexuellen Inhalten. Auf der einen Seite werden in Musikvideos, Werbespots, auf Spring Breaks, in Gossip TV Formaten wie »Dating Naked« und vielen großen Blockbustern gerade Frauen in einer Form sexualisiert, die selbst in Deutschland für Aufregung sorgen würde – es gibt eine überproportionale und für das europäische Empfinden schon fast obszöne, billige Form der Fleischbeschau, und Amerika gilt als der größte Pornoproduzent weltweit. Auf der anderen Seite wird eine extreme Moral gefordert, viele Filme werden zensiert, der halbnackte Busen von Janet Jackson erschütterte den ganzen Kontinent, gleichgeschlechtliche Beziehungen sorgen noch immer für große Diskussionen, und in

Staffel 5, Folge 3 (»Der Kaffee danach«) – Telefon
Rory: »Herzinfarkt?! Ähm, aber doch nicht ... während ihr?«
Paris: »Nein, Rory. Dieser wunderbare Mann wurde nicht von meiner Vagina dahingerafft!«

manchen Staaten sind einige Sexualarten bis heute unter Strafe gestellt. Besonders der sogenannte »Bibelgürtel« des Südens wünscht sich weiterhin mit großer Gegenwehr das konservative Rollenbild der vorigen Jahrhunderte zurück. *Sex and the City* brach ganz offen und gezielt mit amerikanischen Tabus und die Frauen führten Gespräche, die hierzulande nur zu Schulterzucken führten, ebenso die Serie *The L Word* über homosexuelle Frauen. Die Buch- sowie Filmreihe *Shades of Grey* führte nicht nur in den USA zum Aufschwung der Sexspielzeugindustrie (insbesondere der eher praktischen Alternativen aus Baumarkt und Reitshop) – spielt aber auf der anderen Seite sexualisierte Gewalt herunter und prägt das Bild einer sich dem Mann unterwerfenden Frau. Ebenso viele Serien, wie *Eine himmlische Familie*, zeigen ganz klar, wie klassisch und konservativ Amerika in vielen Bereichen noch sein kann – die hohen Zuschauerzahlen belegen es. Beim sogenannten Bechdel-Test, der untersucht, wie viele unabhängige Frauenrollen in einer TV-Serie oder einem Film vorkommen, schneidet kaum eine amerikanische Produktion gut ab. Als die Schauspielerin Alexis Bledel im Jahr 2005 ebenfalls in die andere Richtung ausbrach und im Film *Sin City* (Altersfreigabe ab 18 Jahren) eine Stripperin spielte und dementsprechend viel Haut zeigte, brach sie damit komplett mit der Rolle der Rory – wirkte aufgrund dieser aber auch für viele nicht glaubhaft verrucht.

Grundsätzlich ist die Sehnsucht nach einer bis ans Ende des Lebens andauernden, stabilen Partnerschaft nichts Verwerfliches und gerade die eher brave und keusche Umsetzung findet sich auch in vielen erfolgreichen Büchern aus der gleichen Zeit wieder, wie zum Beispiel der sehr erfolgreichen *Bis(s)*-Serie der Autorin und ebenfalls aus Connecticut stammenden Mormonin Stephenie Meyer.

Auf der einen Seite ist dieses keusche Serienbild sehr antiquiert und in vielen Szenen unglaubwürdig, auf der anderen Seite scheint genau das aber ebenfalls zum Heile-Welt-Image der *Gilmore Girls* zu gehören. Es befriedigt möglicherweise das Bedürfnis der Zuschauerinnen, eben einmal nicht von ständig in Werbespots, auf Instagram oder in Frauenzeitschriften als Ideal gepriesenen, sexuell aktiven und halb nackten Models und Schauspielerinnen auf die Mängel des eigenen Lebens hingewiesen zu werden.

Die Gilmore Boys müssen im Lauf der sieben Staffeln viele emotionale Attacken, sprudelnde Diskussionen, natürlich die dazugehörige Familie (Emily und Richard) sowie die mit Argusaugen über die Mädchen wachenden Bewohner von Stars Hollow ertragen – selbstverständlich sind Rory und Lorelai dies aber mehr als wert und brauchen auch einen stabilen Gegenpart für ihre lauten, charmanten, verrückten Ausbrüche und »Alltagschaoskeiten«. Wer all dies nicht übersteht, weiß auch ihre Qualitäten nicht zu schätzen und verdient nicht ihre Liebe, von der sie viel zu geben haben. Nur die Härtesten und Tapfersten schaffen es bis in ihr Herz, nur die wenigsten überleben den Besuch in der Gilmore-Villa. Hier die Auswahl derer, die es zumindest zeitweise geschafft haben:

Dean Forester (Schauspieler: Jared Padalecki; #TeamDean): Dean Forester ist im Jahr 1984 geboren und mit seinen Eltern sowie seiner kleinen Schwester Clara gerade erst von Chicago nach Stars Hollow gezogen. Er sucht noch einen Job und wird kurz darauf in Doose's Market als Einräumer anfangen. Auf der Stars Hollow High trifft er auf die junge Rory Gilmore, die in Büchern vertieft weder Kopf noch Augen für Jungs hat – bis er sie anspricht und mit seiner Lederjacke und den Rehaugen in wenigen Sekunden ihr Herz für sich gewinnt und damit für den ersten handfesten Streit zwischen ihr und ihrer Mutter sorgt. Trotz ihrem Wechsel auf die Chilton High werden Rory und er ein Paar, und Dean ist der beste erste Freund, den wir uns für sie wünschen könnten: er trägt ihre Bücher, sieht sich mit ihr und Lorelai alte Filme an, macht ihr Geschenke wie zum Beispiel ein von ihm extra restauriertes Auto sowie natürlich ein Freundschaftsarmband, und träumt bereits davon, mit ihr später in Stars Hollow eine Familie zu gründen. Aber von Anfang an ist Lorelai und den Zuschauern klar, dass Rory schnell wachsen und sich wegentwickeln wird – Dean ist wenig ehrgeizig, hat keine Collegepläne und teilt nicht ihr großes Interesse für Literatur und ihre Leidenschaft für politische und gesellschaftliche Diskussionen. Hier kommt zwei Jahre später der intelligente und wortwörtlich schlagfertige Jess ins Rennen. Trotzdem schien es so, dass Dean weiterhin für sie dableibt und sie immer lieben wird – das schien sich auch nicht durch seine Hochzeit mit der eher einfach gestrickten Lindsay Lister zu ändern. Seine erneute Affäre mit Rory während ihrer Anfangszeit in Yale begeistert weder uns noch Stars Hollow – selten gelingt ein solches Aufwärmen der guten alten Zeit, und so endet es auch in diesem Fall mit gebrochenen Herzen. Was danach aus Dean wurde, ist bisher unklar, und wir erwarten natürlich eine Auflösung in Staffel 8. Für viele Zuschauer wird er aber stets der junge, unschuldige Dean bleiben, der »unsere« Rory zum ersten Mal küsste – eine Erinnerung an die eigenen ersten Liebesversuche, an die Jungs, die wir über die Jahre hinweg längst verklärt haben: einmal noch Händchen haltend über den Dorfplatz laufen, einmal noch ohne Alltagssorgen wie Job und Kindererziehung über Stunden knutschen und danach zur besten Freundin laufen, um ihr alles haarklein zu erzählen ...

Es wurde eigentlich erst eine Probesendung mit Nathan Wetherington als Dean gedreht, dieser Part dann aber doch mit Jared Padalecki (* 19.7.1982) besetzt. Für diesen war die Rolle als süßer Schuljunge ein sehr guter Start in Hollywood, wo er als charmanter Jungdarsteller Platz in vielen Filmen fand. Nach dem Erfolg der *Gilmore Girls* spielte er u.a. mit Mary-Kate und Ashley Olsen (die berühmten Zwillinge aus *Full House*) in *New York Minute*, mit Paris Hilton in *House of Wax* und wurde im Jahr 2005 als einer der Hauptdarsteller für die *Supernatural* gecastet: Der Erfolg der Fantasy-Serie über zwei Jungs auf der ständigen Jagd nach übernatürlichen Wesen dauert bis heute an; die elf Staffeln begeistern Fans weltweit und Padalecki ist nicht nur seit zehn Jahren für den Dreh eingespannt, sondern auch für Auftritte auf Fan- und Comic-Cons unterwegs. Beim Dreh lernte er auch seine aktuelle Frau, die Schauspielerin Genevieve Cortese kennen, mit der er inzwischen zwei Söhne hat. Padalecki sorgte im Jahr 2015 weltweit für Schlagzeilen, als er zugab, unter Depressionen zu leiden, und für mehr Verständnis für die Krankheit und den Umgang damit warb. Viele Fans waren deswegen unsicher, ob er beim kommenden *Gilmore Girls*-Revival drehen könnte – ohne ihn wäre es nicht dasselbe. Glücklicherweise ist er aber inzwischen wieder stabil, freute sich online sehr über die Fortsetzung und postete wie die anderen Darsteller bereits Insiderbilder vom Dreh. #TeamDean ist also mit dabei!

Jess Mariano (Schauspieler: Milo Ventimiglia; #TeamJess): Jess zieht als Neffe von Luke Danes in der zweiten Staffel nach Stars Hollow und hat im Gegensatz zu charming Dean von Anfang an die Bad-Boy-Rolle gepachtet. Der Vater verließ die Familie, und Mutter Liz (die später in der Serie ebenfalls nach Stars Hollow kommt und sich ein neues, stabileres Leben mit Mann TJ aufbaut) war allein mit ihrem intelligenten Teenager-Sohn überfordert. Aber auch bei Luke macht Jess nur Ärger, schwänzt gelangweilt die Schule, spielt den Einwohnern Streiche und hat nur einen Wunsch: den Ort bald wieder zu verlassen. Bis er Rory entdeckt und in ihr ein Mädchen findet, das ihm in Intelligenz und Schlagfertigkeit ebenbürtig ist und sich zudem von seiner James-Dean-Attitüde wenig beeindrucken lässt. Aber er lässt nicht locker, beeindruckt sie mit seinem Wissen über Kerouac und Bukowski und kämpft gegen Dean sogar wortwörtlich um ihr Herz. Dies soll ihm gelingen, halten kann er Rory durch sein unbeständiges und teilweise sehr verletzendes Verhalten aber nicht. Spätestens als er zu seinem Vater nach Kalifornien geht, ist die Beziehung vorbei. Aber er bekommt sein Leben in den Griff, zieht nach Philadelphia, startet seinen eigenen Verlag und veröffentlicht einen Roman.

Milo Ventimiglia (* 8.7.1977) hatte als Jess keinen leichten Stand bei den Fans – er verärgert sowohl Lorelai als auch Luke und verdrängt Publikumsliebling Dean, zudem bricht er Rorys Herz gleich mehrmals. Die gutaussehende Mischung aus sizilianischen, schottischen und englischen Wurzeln samt wildem Herz und Literaturliebe verfehlt aber dennoch nicht ihre Wirkung, und so schicken sich die Zuschauerinnen bis heute Kuss-Gifs mit ihm und Rory hin und her. Ventimiglia startete mit 18 Jahren mit ersten Auftritten in *Prinz von Bel-Air, CSI, Sabrina* und *Law and Order* und konnte danach die Rolle des Jess bekommen. Erst dort lernte er Alexis Bledel kennen, Rory und Jess waren auch im echten Leben ein Paar – sie hatten knapp drei Jahre lang (Ende 2002 bis Anfang 2006) eine Liebesbeziehung. Ventimiglia war mit der Zeit so beliebt, dass sogar eine Spin-Off-Serie namens *Windward Circle* angedacht war. Als Test diente die Folge, in der er zu seinem Vater nach Venice Beach fährt – die Idee wurde dann allerdings aus Kostengründen nie umgesetzt. Stattdessen spielte er in vielen weiteren Filmen mit und erhielt eine der Hauptrollen in der amerikanischen Serie *Heroes* (und war auch hier zwei Jahre mit der Hauptdarstellerin Hayden Panettiere zusammen). Zudem stellte er den Sohn von Rocky Balboa in dessen sechstem Film dar und spielte in den Comic-Umsetzungen von *Ultimate SpiderMan* und *Gotham.*

Logan Huntzberger (Schauspieler: Matt Czuchry; #TeamLogan): Der dritte feste Freund von Rory Gilmore ist gewissermaßen eine Mischung aus sanftem Dean und wildem, intelligentem Jess: der reiche Erbe des Huntzberger Medienkonzerns – Logan. Sie lernt ihn in Yale inmitten seiner wilden Jungs-Gang kennen und verfolgt ihn für ihren Bericht über die »Life and Death Brigade«. Er ist zwar arrogant, aber auch charmant, gut aussehend und humorvoll; er lebt sich in zahlreichen Frauengeschichten aus, für ihn ist Rory zunächst nichts weiter als eine weitere Verführung. Aber aufgrund ihrer Intelligenz und weil sie stur nicht einfach nur eines seiner »Weibchen« sein will, bekommt er sie mit der Zeit nicht mehr aus Kopf und Herz, und aus der Affäre wird eine sehr ernsthafte Beziehung. Besondere Freude löst das natürlich bei Emily und Richard Gilmore aus, die in dem reichen Erben den perfekten zukünftigen Ehemann für ihre Enkeltochter sehen. Nach einigen Höhen und Tiefen bzw. sogar Abstürzen hält er um Rorys Hand an. Doch er bleibt mit gebrochenem Herzen als Single zurück, Rory entscheidet sich für ihren eigenen Weg.

Matt Czuchry (* 20. 5. 1977) entschied sich auf Anraten seines Collegeprofessors (er hat einen Abschluss in Geschichte und Politikwissenschaft mit Bachelor in Kunst) für die Schauspielerei und bekam seine erste Rolle im Warner Brothers-Drama *The Americans*, wo er auch seine damalige Freundin, die Kollegin Kate Bosworth kennen- und lieben lernte. Nach den *Gilmore Girls* und einigen Filmen spielte er 2009–16 die Rolle des ehrgeizigen Staranwalts in der Serie *The Good Wife*.

Lorelai's Boys

Christopher Hayden: Bitte auf Seite 19 blättern.

Max Medina (Schauspieler: Scott Cohen): Max Medina ist Rorys Englischlehrer in Chilton und könnte vom Aussehen und der Literaturliebe her fast Jess' Vater sein – überragt ihn aber bei Anstand und Herz um ein Vielfaches. Er verliebt sich schnell in die lebhafte Lorelai, die mitten im Leben und damit bald auch küssend in seiner Wohnung steht. Sie verstehen sich perfekt: sie erfrischt seinen etwas langweiligen Lehreralltag und er ist ihr Ruhepol, dazu für Rory ein möglicher guter

Ersatzvater (wenn auch ihr Englischlehrer). Er wird der erste Mann seit 16 Jahren sein, der im Haus übernachtet und nach Kindsvater Christopher eine feste Beziehung zu Lorelai hat. Aber sie ist noch nicht so weit, und als er ihr mit tausend gelben Margeriten einen romantischen Heiratsantrag macht, haut sie nach erstem Zusagen ab, und auch das spätere, erneute Auffrischen der Liebe kann die Beziehung nicht mehr retten. Jedenfalls: kaum eine Zuschauerin kann an einem Blumenladen vorbeigehen und gelbe Margeriten sehen, ohne nicht wenigstens kurz an ihn zu denken ...

Scott Cohen (* 19.12.1961) hatte seine erste Rolle 1990 im Film *Jacob's Ladder* und spielte in über 50 weiteren Filmen und Serien wie *Gia* mit Angelina Jolie, *Law & Order*, *CSI: NY* sowie *Castle*. Er hat zusammen mit seiner Ehefrau, dem Model Anastasia Traina, einen Sohn.

Luke Danes: Bitte auf Seite 29 blättern.

Jason Stiles (Schauspieler: Chris Eigeman): Jason Stiles alias »Digger« kennt Lorelai bereits seit deren Jugend – ihre Väter waren Arbeitskollegen, und als sich Richard Gilmore selbstständig macht, holt er ihn in Staffel 4 mit in die neue Firma. Über ihre gemeinsame Hassliebe zu Emily finden Jason und Lorelai wieder zueinander und über den geteilten Humor wird aus einer kurzen Affäre schnell mehr. Lorelai plant zu diesem Zeitpunkt gerade ihr eigenes Hotel Dragonfly Inn und ist noch schneller, aufgeregter, auf noch mehr Koffein als sonst – die Rechnungen, Bauprobleme (nicht zu einem geringen Teil durch Taylor Doose verursacht) und das Fehlen der inzwischen in Yale studierenden Tochter Rory bringen sie völlig aus der Spur. Jason putscht sie als Workaholic zusätzlich auf und bringt zwar

Geld mit, aber wenig Wärme – das Verhältnis zu seinen eigenen Eltern ist kalt und kaputt (diese fehlende Wärme versinnbildlicht der völlig verkorkste Hund vor dem Kamin). Als er sich dann noch entscheidet, Richard Gilmore zu verklagen, trennt sich Lorelai von ihm. Und waren wir nicht alle froh, ihn wieder los zu sein?

Chris Eigeman (* 1. 3. 1965) startete seine Filmkarriere nach dem Studium in den späten 90er-Jahren und drehte u. a. die Filme *Kicking and Screaming*, *Highball* sowie *Manhattan Love Story* mit Jennifer Lopez und Ralph Fiennes. Zudem schreibt und produziert er selbst, so zum Beispiel den Film *Turn the River* (2007).

Norman Mailer, Korn & Mary Poppins – Bücher, Songs, Filme

Rorys Reading-Challenge – Die Bücher zur Serie

Literatur spielt in der Serie eine mindestens ebenso große Rolle wie die Liebe zu zu viel Kaffee und Fast Food. Sie verbindet Rory mit ihrem belesenen Großvater sowie dem wilden Jess, und ihre Bücher sind in fast jeder Folge zu finden. Eines der berühmtesten Bilder ist die Szene, in der Rory völlig in die Seiten versunken unter einem Baum sitzt. Ihr kleines Zimmer ist vol-

> »Ich lebe in zwei Welten – die eine ist die Welt der Bücher. Ich war Bewohnerin von Faulkners Yoknapatawpha County, jagte den weißen Wal an Bord der Pequod, kämpfte an der Seite Napoleons, fuhr auf dem Floß mit Huck und Jim, dachte mir Absurditäten mit Ignatius J. Reilly aus, warf mich vor den Zug mit Anna Karenina und wanderte durch Swanns Welt. Es ist eine beglückende Welt.«
>
> (Rorys Abschlussrede an der Chilton High in Staffel 3, Folge 22, »Ein starker Abgang«)

ler Bücher, die sogar im Schrank, unter dem Bett und in der Kommode gehortet werden. Immer wieder findet man Anspielungen auf berühmte Klassiker und Erzählungen.

Hier sind über 300 der ins Deutsche übersetzten Bücher, die in den ersten sieben Staffeln Erwähnung finden – eine unvollständige Liste der inzwischen schon berühmten »Rory's Reading Challenge«, bei der die größten Fans alle Titel noch einmal passend zur Serie nachlesen:

Albaret, Celeste / Belmont, Georges: *Monsieur Proust: Erinnerungen* * Albee, Edward: *Wer hat Angst vor Virginia Woolf?* * Albom, Mitch: *Die fünf Menschen, die dir im Himmel begegnen* & *Dienstags bei Morrie. Die Lehre eines Lebens* * Alcott, Louisa May: *Betty und ihre Schwestern* * Ali, Monica: *Brick Lane* * Alighieri, Dante: *Die Göttliche Komödie. I. Inferno/Hölle* * Allende, Isabel: *Fortunas Tochter* & *Eva Luna* & *Das Geisterhaus* * Andersen, Hans Christian: *Das kleine Mädchen mit den Schwefelhölzern* * Atwood, Margaret: *Oryx und Crake* * Austen, Jane: *Emma* & *Kloster Northanger* & *Stolz und Vorurteil* & *Verstand und Gefühl* * Auster, Paul: *Nacht des Orakels* * Balzac, de Honoré: *Tante Lisbeth* * Barres, Pamela de: *Im Bett mit den Rockgöttern: Die intimsten Bekenntnisse der Supergroupies* * Baum, L. Frank: *Der Zauberer von Oz* * Beauvoir, Simone de: *Memoiren einer Tochter aus gutem Hause* & *Das andere Geschlecht* * Beckett, Samuel: *Warten auf Godot* * Blixen, Tania: *Jenseits von Afrika* * Bolles, Nelson: *Durchstarten zum Traumjob. Das ultimative Handbuch für Ein-, Um- und Aufsteiger* * Bourdain, Anthony: *Geständnisse eines Küchenchefs: Was Sie über Restaurants nie wissen wollten* * Bradbury, Ray: *Fahrenheit 451* * Brontë, Charlotte bzw. Currer Bell (Pseudonym): *Jane Eyre* * Brontë, Emily bzw. Ellis Bell (Pseudonym): *Sturmhöhe* * Brown, Dan: *Sakrileg* * Browning, Elizabeth

Staffel 7, Folge 21

Rory: »Milan Kundera hält bei der Abschlussfeier eine Rede!«

Lorelai: »Oh.«

Rory: »Was denn, bist du nicht so ein Fan von ihm?«

Lorelai: »Äh, nein, er ist irgendwie unerträglich leicht!«

Barrett: *Sonette aus dem Portugiesischen. Übertragen durch Rainer Maria Rilke* ✱ Brüder Grimm: *Rapunzel & Schneeweißchen und Rosenrot* ✱ Bugliosi, Vincent / Gentry, Curt: *Helter Skelter – Der Mordrausch des Charles Manson: Eine Chronik des Grauens* ✱ Bukowski, Charles: *Aufzeichnungen eines Dirty Old Man* ✱ Bulgakow, Michail Afanassjewitsch: *Der Meister und Margarita* ✱ Burgess, Anthony: *Die Uhrwerk-Orange* ✱ Butler, Judith: *Das Unbehagen der Geschlechter* ✱ Capote, Truman: *Kaltblütig: Wahrheitsgemäßer Bericht über einen mehrfachen Mord und seine Folgen* ✱ Carroll, Lewis: *Alice im Wunderland* ✱ Cervantes, Miguel de: *Don Quijote* ✱ Chabon, Michael: *Die unglaublichen Abenteuer von Kavalier & Clay* ✱ Chaucer, Geoffrey: *Die Canterbury-Erzählungen* ✱ Chbosky, Stephen: *Vielleicht lieber morgen* ✱ Chopin, Kate: *Das Erwachen* ✱ Clinton, Hillary Rodham: *Eine Welt für Kinder & Gelebte Geschichte* ✱ Collodi, Carlo: *Pinocchios Abenteuer. Die Geschichte einer Holzpuppe* ✱ Conrad, Joseph: *Herz der Finsternis* ✱ Diamant, Anita: *Das rote Zelt* bzw. *Das rote Zelt der Frauen* ✱ Dickens, Charles: *Der Weihnachtsabend & David Copperfield & Große Erwartungen & Klein Dorrit & Unser gemeinsamer Freund & Eine Geschichte aus zwei Städten* ✱ Dickinson, Emily: *Gedichte* ✱ Didion, Joan: *Das Jahr magischen Denkens* ✱ Dostojewski, Fjodor: *Schuld und Sühne & Die Dämonen* ✱ Dreiser, Theodore: *Eine amerikanische Tragödie* ✱ Dubus, Andre III: *Haus aus Sand und Nebel* ✻ Duffy, Peter: Die Bielski-Brüder: *Die Geschichte dreier Brüder, die in den Wäldern Weißrusslands 1200 Juden vor den Nazis retteten* ✻ Dumas, Alexandre: *Der Graf von Monte Christo* ✻ Eco, Umberto: *Der Name der Rose* ✻ Eggers, Dave: *Ein herzzerreißendes Werk von umwerfender Genialität: Eine wahre Geschichte* ✻ Ehrenreich, Barbara: *Arbeit poor. Unterwegs in der Dienstleistungsgesellschaft* ✻ Ellis, Bret Easton: *Unter Null* ✻ Eugenides, Jeffrey: *Middlesex & Die Selbstmord-Schwestern* ✻ Faber, Michel: *Das karmesinrote Blütenblatt* ✻ Faludi, Susan: *Die Männer schlagen zurück* ✻ Farrell, Henry: *Was geschah wirklich mit Baby Jane?* ✻ Faulkner, William: *Als ich im Sterben lag & Die Freistatt & Schall und Wahn* ✻ Finney, Jack: *Das andere Ufer der Zeit* ✻ Fitzgerald, F. Scott: *Der große Gatsby & Zärtlich ist die Nacht* ✻ Flaubert, Gustave: *Madame Bovary* ✻ Foer, Jonathan Safran: *Alles ist erleuchtet* ✻ Ford, Ford Madox: *Die allertraurigste Geschichte* ✻ Forster, E. M.: *Auf der Suche nach Indien & Zimmer mit Aussicht* ✻ Frank, Anne: *Das Tagebuch der Anne Frank* ✻ Franken, Al: *Kapitale Lügner* ✻ Gibbon, Edward: *Verfall und Untergang des römischen Imperiums* ✻ Gibson, William: *Der Weg ins Licht* ✻ Ginsberg, Allen: *Howl/Geheul* ✻ Gogol, Nikolai: *Die toten Seelen* ✻ Golding, William: *Herr der Fliegen* ✻ Goldman, William: *Der Marathon Mann* ✻ Grafton, Sue: *Ausgespielt: R wie Rache* ✻ Haddon, Mark: *Supergute Tage oder Die sonderbare Welt des Christopher Boone* ✻ Hawthorne, Nathaniel: *Der scharlachrote Buchstabe* ✻ Hegi, Ursula: *Ganz gewöhnliche Sünden* ✻ Heller, Joseph: *Catch 22* ✻ Hellman, Lillian: *Kinderstunde* ✻ Hemingway, Ernest: *Paris, ein Fest fürs Leben & Schnee auf dem Kilimandscharo & Fiesta & Haben und Nichthaben* ✻ Hesse, Hermann: *Siddhartha* ✻ Hillenbrand, Laura: *Seabiscuit: Die Geschichte eines legendären Rennpferdes* ✻ Hinton, Susan E.: *Am Rande von Oklahoma* bzw. neu *Die Outsider* ✻ Homer: *Ilias* ✻ Hornby, Nick: *High Fidelity & Mein Leben als Leser & 31 Songs* ✻ Hosseini, Khaled: *Drachenläufer* ✻ Hugo, Victor: *Der Glöckner von Notre-Dame* ✻ Huxley, Aldous: *Schöne neue Welt* ✻ Hyland, M. J.: *Schlaflos* ✻ Jackson, Shirley: *Die Teufelsbraut – 25 dämonische Geschichten* ✻ James, Henry: *Die Kunst der Dichtung & Daisy Miller* ✻ Johnson, Spencer: *Die Mäusestrategie für Manager* ✻ Joyce, James: *Finnegans Wake & Ulysses* ✻ Kafka, Franz: *Die Verwandlung & Der Process* ✻ Kaysen, Susanna: *Seelensprung* bzw. als Buch zum Film *Durchgeknallt* ✻ Keller, Helen: *Die Geschichte meines Lebens* ✻ Kennedy, William: *Wolfsmilch* ✻ Kerouac, Jack: *On the Road / Unterwegs* ✻ Kesey, Ken: *Einer flog über das Kuckucksnest* ✻ Keyes, Daniel: *Blumen für Algernon* ✻ Kidd, Sue Monk: *Die Bienenhüterin* ✻ King, Stephen: *Carrie & Christine & Cujo & Pin Up & Shining* ✻ King-Smith, Dick: *Schwein gehabt, Knirps!* ✻ Knowles, John: *Ein anderer Frieden* ✻ Krist, Gary: *Der Duft des Geldes* ✻ Lahiri, Jhumpa: *Der Namensvetter* ✻ Larson, Erik: *Der Teufel von Chicago: ein Architekt, ein Mörder und die Weltausstellung, die Amerika veränderte* ✻ Lawrence, D. H.: *Lady Chatterleys Liebhaber* ✻ Lee, Harper: *Wer die Nachtigall stört …* ✻ Lethem, Jonathan: *Die Festung der Einsamkeit* ✻ Levin, Ira: *Rosemarys Baby* ✻ Levy, Andrea: *Eine englische Art von Glück* ✻ Lipton, Lawrence: *Die heiligen Barbaren* ✻ Macaulay, David: *Das neue große Mammut-Buch der Technik* ✻ Maguire, Gregory: *Wicked – Die Hexen von Oz. Die wahre Geschichte der bösen Hexe des Westens* ✻ Mailer, Norman: *Die Nackten und die Toten* ✻ Marquez, Gabriel Garcia: *Hundert Jahre Einsamkeit* ✻ Martel, Yann: *Schiffbruch mit Tiger* ✻ Maugham, W. Somerset: *Auf Messers Schneide* ✻ Maurier, Daphne du: *Rebecca* ✻ McCarthy, Mary: *Die Clique* ✻ McCourt, Frank: *Die Asche meiner Mutter* ✻ McDonald, Gregory: *Gestehen Sie, Fletch!* ✻ McEwan, Ian: *Abbitte* ✻ McKean, James: *Quattrocento* ✻ McLaughlin, Emma: *Die Tagebücher einer Nanny* ✻

McMurtry, Larry: *Zeit der Zärtlichkeit* * McNeill, Legs / McCain, Gillian: *Please kill me – die unzensierte Geschichte des Punk* * Melville, Herman: *Moby Dick* oder *Der Wal* * Mencken, H. R.: *Ausgewählte Schriften* * Metalious, Grace: *Die Leute von Peyton Place* * Miller, Arthur: *Hexenjagd & Tod eines Handlungsreisenden* * Miller, Henry: *Sexus* * Mitchell, Margaret: *Vom Winde verweht* * Moore, Barrington: *Soziale Ursprünge von Diktatur und Demokratie* * Moore, Michael: *Fahrenheit 9/11* * Morrison, Toni: *Menschenkind* * Nabokov, Vladimir: *Erinnerung, sprich. Wiedersehen mit einer Autobiographie* * Nafisi, Azar: Lolita lesen in Teheran * Nietzsche, Friedrich: Gesammelte Werke * Niffenegger, Audrey: *Die Frau des Zeitreisenden* * Nordhoff, Charles / Hall, James Norman: *Meuterei auf der Bounty* * Orringer, Julie: *Unter Wasser atmen* * Orwell, George: *1984* * Pagels, Elaine: *Versuchung durch Erkenntnis. Die gnostischen Evangelien* * Parker, Dorothy: *Morgenstund hat Gift im Mund – New Yorker Geschichten* * Patchett, Ann: *Bel Canto* * Picoult, Jodi: *Beim Leben meiner Schwester* * Plath, Sylvia: *Die Glasglocke & Die Tagebücher* * Poe, Edgar Allan: *Gesammelte Werke & Der Rabe* * Pressfield, Steven: *Die Legende von Bagger Vance* * Proust, Marcel: *Auf der Suche nach der verlorenen Zeit* / Band 1: *Auf dem Weg zu Swann* * Puzo, Mario: *Der Pate* * Rand, Ayn: *Der Ursprung* * Rawlings, Marjorie Kinnan: *Frühling des Lebens* * Rilke, Rainer Maria: *Briefe an einen jungen Dichter* * Roach, Mary: *Die fabelhafte Welt der Leichen* * Robinson, Elisabeth: *Die wahren und unglaublichen Abenteuer der Hunt-Schwestern* * Rowling, J. K.: *Harry Potter und der Stein der Weisen & Harry Potter und der Feuerkelch* * Roy, Arundhati: *Der Gott der kleinen Dinge* * Russo, Richard: *Diese gottverdammten Träume* * Salinger, J. D.: *Der Fänger im Roggen & Franny und Zooey* * Salten, Felix: *Bambi* * Schreiber, Flora Rheta: *Sybil. Persönlichkeitsspaltung einer Frau* * Sebold, Alice: *In mei-*

nem Himmel ✻ Sedaris; David: *Holidays on Ice & Ich ein Tag sprechen hübsch* ✻ Segal, Erich: *Love Story* ✻ Seuss, Dr.: *Der Grinch: Wie der Grinch Weihnachten gestohlen hat* ✻ Shakespeare, William: *Die Komödie der Irrungen & Hamlet & König Heinrich IV.* Teil 1 + 2 & *König Heinrich V. & Julius Cäsar & Macbeth & Die lustigen Weiber von Windsor & Othello & Romeo und Julia & Die Sonette & König Richard III.* ✻ Shaw, George Bernard: *Pygmalion* ✻ Shelley, Mary: *Frankenstein oder Der moderne Prometheus* ✻ Shields, Carol: *Die Geschichte der Reta Winters* ✻ Sijie, Dai: *Balzac und die kleine chinesische Schneiderin* ✻ Sinclair, Upton: *Der Sumpf* bzw. *Der Dschungel* ✻ Smith, Betty: *Ein Baum wächst in Brooklyn* ✻ Sobol, Donald J.: *Superfritz löst jeden Fall* ✻ Spinoza, Baruch de: *Ethik, nach geometrischer Methode dargestellt* ✻ Steinbeck, John: *Die Früchte des Zornes & Von Mäusen und Menschen* ✻ Stevenson, Robert Louis: *Der merkwürdige Fall von Dr. Jekyll und Mr. Hyde* ✻ Stowe, Harriet Beecher: *Onkel Toms Hütte* ✻ Strauss, Neil: *The Dirt: Sie wollten Sex, Drugs & Rock 'n' Roll – die Mötley Crüe Bandbiografie* ✻ Styron, William: *Sophies Entscheidung* ✻ Sūnzǐ: *Die Kunst des Krieges* ✻ Susann, Jacqueline: *Das Tal der Puppen* ✻ Tan, Amy: *Töchter des Himmels & Die andere Seite des Himmels. Gedanken über das Leben* ✻ Thackeray, William Makepeace: *Jahrmarkt der Eitelkeit* ✻ Thompson, Hunter S.: *Angst und Schrecken in Las Vegas* ✻ Thompson, Kay: *Eloise: Ein Buch für frühreife Erwachsene über ein kleines Mädchen im New Yorker Plaza* ✻ Thoreau, Henry David: *Walden oder Leben in den Wäldern* ✻ Thurman, Judith: *Colette. Roman ihres Lebens* ✻ Tolkien, J. R. R.: *Der Herr der Ringe* ✻ Tolstoi, Lew: *Anna Karenina & Krieg und Frieden* ✻ Toole, John Kennedy: *Die Verschwörung der Idioten* ✻ Tucker, Lisa: *The Song Reader* ✻ Twain, Mark: *Die Abenteuer des Huckleberry Finn & Der berühmte Springfrosch von Calaveras* (Kurzgeschichte) ✻ Voltaire, Francois-Marie Arouet: *Candide* ✻ Vonnegut, Kurt: *Galapagos & Schlachthof 5 oder Der Kinderkreuzzug* * Webb, Charles: *Die Reifeprüfung* * Weisberg, Jacob: *Voll daneben, Mr. President!: Wahre Worte von George W. Bush* * Wells, Rebecca: *Die göttlichen Geheimnisse der Ya-Ya-Schwestern* * Wharton, Edith: *Die Schlittenfahrt* * White, Elwyn Brooks: *Wilbur und Charlotte & Stuart Little / Klein Stuart* * Whitman, Walt: *Grashalme* * Wiesel, Elie: Die Nacht: *Erinnerung und Zeugnis* * Wilde, Oscar: *Das Bildnis des Dorian Gray* * Williams, Tennessee: *Endstation Sehnsucht* * Wolfe, Tom: *Unter Strom: The Electric Kool-Aid Acid Test – Die legendäre Reise von Ken Kesey und den Pranksters* * Wolff, Tobias: *Alte Schule* * Woodhouse, P. G.: *Alter Adel rostet nicht* * Woolf, Virginia: *Mrs Dalloway & Ein Zimmer für sich allein* * Wurtzel, Elizabeth: *Bitch – ein Loblied auf gefährliche Frauen* * Zafon, Carlos Ruiz: *Der Schatten des Windes*

Einen besonders schönen Gastauftritt bietet für Literaturliebhaber in der sechsten Staffel die Minirolle des international berühmten und im Jahr 2007 verstorbenen Autors Norman Mailer (*Die Nackten und die Toten*): er geht Hotelköchin Sookie auf die Nerven, weil er nichts essen möchte und nur Eistee trinkt. Inhaltlich haben die Werke des Schriftstellers und die Serie kaum Gemeinsamkeiten, trotzdem hatte er einen guten Grund, um mitzumachen: Lorelai erinnerte ihn sehr an seine zweitälteste Tochter Danielle. Beide seien wie »wunderschöne Kolibris« und würden ununterbrochen reden, zudem seien sowohl Danielle als auch seine Enkeltochter große Fans der Serie – endlich sei er dank seines Serien-Auftritts nun auch in ihren Augen berühmt. Die Folge Nr. 5 wurde sogar nach ihm benannt: »Norman Mailer, I'm pregnant«.

»Offspring sind ätzend und Metallica sind klasse« – Der Gilmore-Soundtrack

Ebenso wichtig wie die Literatur ist im Leben der Gilmore-Mädchen die musikalische Begleitung – angefangen vom Stars Hollow-Troubadour, der Hotelharfinistin, über die geheimen CDs sowie die spätere Band von Lane Kim bis hin zu den Aufführungen von Miss Patty. Rory, Lane und Jess werfen sich beständig Anspielungen auf Bands und Songs zu und Lorelai gibt vor, Christopher nicht heiraten zu können, weil er »The Offspring« mag. Wie im Literarischen sind sie auch musikalisch eher im alternativen Bereich und weniger im Mainstream unterwegs. Sie hören entweder gemeinsam mit Richard und Emily sowie in Miss Pattys Tanzstudio klassische Musik oder aber Grunge und Rock mit Lane oder Oldies, wie zum Beispiel auf dem Bangles-Konzert in Staffel 1. Geprägt von ihrer Jugend ist Lorelai ein großer Fan der 80er-Jahre samt dazugehöriger Musik. Zudem hegt sie eine Schwärmerei für den kanadischen Sänger Paul Anka, von dem sie nicht nur träumt, sondern nach dem sie auch ihren späteren Hund benennt.

Wer sich nach der »Reading-Challenge« auch noch durch den Soundtrack zur Serie hören will: dieser fasst ebenfalls über 350 Songs, die mit viel Liebe (was oft wortwörtlich zu nehmen ist) zu den jeweiligen Szenen ausgesucht wurden.

Ein Großteil der Serienmusik wurde von der amerikanischen Sängerin und Komponistin Sam Phillips geschrieben. Neben acht eigenen Alben zeichnet sie ebenfalls für den Soundtrack der Ballettserie *Bunheads* verantwortlich – hier setzte sie die bereits sehr erfolgreiche Zusammenarbeit mit Amy Sherman-Palladino fort. Für die *Gilmore Girls* schrieb sie nicht nur viele der in der Serie hörbaren Songs für die jeweili-

Staffel 2, Folge 5 (»Ein schwerer Fall«) – Luke's Diner

Luke: »Was soll ich deiner Mutter denn sagen?!«

Jess: »Sag ihr, im Kleiderschrank herrscht das totale Chaos. Ich fürchte, ich habe mein Tool-T-Shirt neben mein Metallica-T-Shirt gehängt! Die vertragen sich nicht.«

Luke: »Und das soll ich ihr wirklich sagen?«

Jess: »Ist 'ne andere Band-Kombination glaubwürdiger?«

gen Szenen, sie nahm sie auch mit eigenen Instrumenten und ihrer eigenen Stimme auf. Ihr war wichtig, dass die Musik die dargestellten Emotionen der Darsteller perfekt spiegelte, so dass die jeweilige Folge in Bild und Ton perfekt zusammenpasste. In Staffel 6, Folge 22 ist sie auch einmal kurz selbst zu sehen, im High Noon der musikalischen Auftritte, in der Folge »Ganz oder gar nicht« (es war die letzte Folge der Serienmutter Palladino, die danach aufgrund größerer Auseinandersetzungen mit dem Sender Regie und Drehbuch abgab): In Stars Hollow wird ein Straßenmusiker von einem Manager entdeckt und ist nun im Vorprogramm von Neil Young. Dies spricht sich in der Straßenmusikerszene herum und am darauffolgenden Tag ist zum größten Ärger von Taylor Doose an jeder Ecke ein Musiker zu finden und in jeder Ortsszene stehen neue Sänger und Bands – zum Beispiel die realen Stars Sonic Youth, Mary Lynn Rajskub, Yo La Tengo, Sparks, Joe Pernice und Dave Gruber Allen.

Zudem gibt es weitere Gastauftritte berühmter Musiker zu entdecken – zum Beispiel den von Grant Lee Phillips, des ehemaligen Sängers, Gitarristen und Songschreibers der Rock-Country-Band »Grant Lee Buffalo«, der zum offiziellen »Troubadour« von Stars Hollow gewählt wird und der Serie mehrere

Songs beigesteuert hat. Auch Lanes Bandkollege, der Gitarrist von »Hep Alien«, Gil ist im realen Leben Musiker – es handelt sich um Sebastian Bach, den Sänger der Rock-Metal-Band »Skid Row«. Die Bangles hatten einen Gastauftritt als sie selbst: für ein Konzert in Staffel 1, wo Rory mit ihren Mitschülerinnen zusammen nach New York fährt, und die Indie-Band »The Shins« rockten ein Konzert auf einer Spring-Break-Party, die ebenfalls gemeinsam von Rory und Paris besucht wird.

Der eigentliche Hauptsong der Serie »Where you lead« wurde 1971 von der amerikanischen Songschreiberin und Pianistin Carole King geschrieben und erstmals aufgenommen; er wurde später von berühmten Sängerinnen wie Barbra Streisand und Faith Hill gecovert. King hatte bereits Musik für Aretha Franklin, Eric Clapton, Celine Dion und Mariah Carey geschrieben und vielfache Auszeichnungen erhalten. Somit war es eine sehr große Ehre für Musikfan Amy Sherman-Palladino, als sie die erfolgreiche King nicht nur für das Schreiben des Seriensongs gewinnen konnte, sondern diese ihn auch noch passend zu Lorelai und Rory gemeinsam mit ihrer eigenen Tochter Louise Goffin neu aufnahm. Auch Carole King hatte einen Gastauftritt in der Serie: sie macht in Stars Hollow zur großen Begeisterung von Lane Kim einen Musikladen auf und gibt ihr sowie dem Rest der Band eine Probemöglichkeit sowie Nachhilfeunterricht.

Amy Sherman-Palladino wie auch Sam Phillips war wichtig, dass die Serie zwar viele musikalische Anspielungen, Anekdoten und Insider erhält und somit viel Stoff für wahres Fantum bietet, sie trotzdem zeitlos bleibt und für Zuschauer jedes Alters Musik bietet. Auch in diesem Bereich ist eine große Liebe für das Detail, das spezielle Gilmore-Gefühl zu spüren und natürlich vor allen Dingen zu hören. Glücklicherweise (bzw. für manche Fans vielleicht »leider«) blieb uns die sonst so typische Serien-Musical-Sonderfolge wie in *Grey's Anatomy*, *Buffy*, *Scrubs* oder sogar *Xena* bisher erspart; auch hier erkennt man den guten Geschmack der Produzenten – wobei ein Ballett tanzender und dazu Liebeslieder singender Jess Mariano sicherlich nicht nur Luke eine Menge Geld wert wäre!

»Pippi?!?!?!« – die Girls und ihre Filme

Die Gilmore-Mädchen wären eigentlich die perfekten Netflix-Nutzer – da es den Streaming-Dienst aber damals noch nicht gab, begnügen sie sich mit dem Ausleihen von Videos in der örtlichen Videothek (die selbstverständlich Taylor Doose gehört und in der Kirk arbeitet) und Filmabenden voller Popcorn, Chips und Lieferdienst-Essen. Manchmal gehen sie auch ins örtliche Kino bzw. den kleinen Vorführraum – eigentlich ein umarrangiertes Wohnzimmer mit dementsprechender Ausstattung – und sehen sich dort alte Filme (wie z. B. *Pippi Langstrumpf*) oder aber Indie-Produktionen örtlicher Künstler (Kirk) an. Im Vorführraum arbeitet selbstverständlich: Kirk. Das örtliche Filmfestival organisiert: Kirk. Es werden dort Kirks eigene Produktionen gezeigt. (Selbst wer die Serie noch nicht kennt, wird langsam merken: tausend Wege führen nach Rom und immer noch einer mehr zu Kirk.)

Die Gilmore-Liebe gehört auch hier, wie im musikalischen und literarischen Bereich, vor allem den Klassikern, was wiederum auch die Serie zeitlos-klassisch wirken lässt – hätte man auf die bei Dreh aktuelle Popkultur fokussiert, hätte die Serie schon nach wenigen Jahren angestaubt gewirkt. Lorelai und

Rory sehen am liebsten entweder Stumm- oder Schwarzweißfilme sowie romantische Hollywoodstreifen aus den 40er- bis 60er-Jahren, wie zum Beispiel *Die große Liebe meines Lebens* mit Cary Grant und Deborah Kerr, *Ein Amerikaner in Paris* mit Gene Kelly oder *Leoparden küsst man nicht* mit Cary Grant und Katharine Hepburn: eine Mischung von klassischer Unterhaltung mit konservativem Liebesgenuss und dem mit der passenden Musik untermalten leichten Tanz zum Happy End. Die Zeit, die romantische und nostalgische Stimmung wollte Produzentin Amy Sherman-Palladino auf den Zuschauer transportieren. Damit mag sie die älteren Fans in Emilys Alter angesprochen haben, für die jüngeren Rory-Anhänger gab es die starken, damals aktuellen Frauenfilme, wie *Drei Engel für Charlie – Reloaded*, *Erin Brokovich* und *Coyote Ugly*, die Frauen in Lorelais Alter wurden mit *Dumbo*, *Pippi Langstrumpf* oder *Cinderella* auch an die eigene Kindheit erinnert.

Es gibt einen besonderen Videoabend: in Staffel 5, Folge 5, gehen Lorelai, die bereits fürs Studium nach Yale gezogene, aber zu Besuch gekommene Rory, Luke und Dean miteinander in Kirks Kino, und die Mädchen entscheiden sich zum wiederholten Mal sehr lautstark für die wilde und unabhängige Astrid-Lindgren-Verfilmung *Pippi Langstrumpf* und singen sogar das Titellied mit. Diese Szene lässt die Gilmore Boys deutlich außen vor, und jede Frau wird sich an eine ähnliche Situation erinnern, bei der sie mit einer Freundin in weiblicher Verbundenheit Lieder mitgesungen oder Filmtexte mitgesprochen hat – und sei es der *Gilmore Girls*-Titelsong oder eine besonders bekannte Szene aus der Serie. Gleichzeitig stellen die Mädchen aber an dieser Stelle auch fest, dass die Zeiten, in denen sie (noch am Anfang der ersten Staffel) gemeinsam mit der ersten Liebe Dean auf der heimischen Couch Filme sahen, vorbei ist. Es ist nicht mehr das gleiche, unschuldige Gefühl und dieses lässt sich auch nicht mehr zurückholen; allein der Versuch beschmutzt die Erinnerung an damals. Leider müssen auch wir diese Erfahrung machen: das frühere Fiebern auf einen bestimmten Sendungstag mit dazugehöriger Uhrzeit, das traditionelle Einladen von Freunden zu gemeinsamen Filmabenden sowie die manchmal über Stunden dauernden Telefonate mit der besten Freundin darüber, welcher Serienheld nun welche wunderschöne Soapdarstellerin ungerecht behandelt hat, diese Zeiten sind vorbei – vielleicht gerade deswegen erinnern wir uns mit den *Gilmore Girls* umso lieber daran.

Die popkulturellen Einflüsse werden aber selbstverständlich nicht nur durch die Filmabende gespiegelt, wir finden die insgesamt fast 400 Anspielungen und Erwähnungen in jeder Folge, in fast jeder Szene wieder: Es gibt die »Pulp-Fiction«-Party, bei der Rory Logan eifersüchtig macht und er daraufhin feststellt, dass er eine feste Beziehung mit ihr möchte. In einer anderen Folge hat Rory eine neue Frisur und wird daraufhin von ihrer Mutter als »G. I. Jane« bezeichnet. Als Luke und Lorelai wiederholt nicht zueinanderfinden, vergleicht Lukes Schwester Liz die beiden mit dem Film *Das Haus am See* mit Sandra Bullock und Keanu Reeves – ihr Ehemann TJ verwechselt da (mal wieder) etwas und denkt, sie rede über *Speed*.

Öfters erwähnt wird die superkalifragilistikexpialigetische Walt-Disney-Heldin *Mary Poppins* (Film 1964 mit Julie Andrews und Dick van Dyke – nach den Büchern von Pamela Lynwood Travers), bei der wir wiederum viele Elemente finden, die auch für die Girls sowie die dazugehörige Serie gelten: mit viel Humor, Weichzeichner und Liebe (sowie in diesem Fall Tanz und Gesang) werden Probleme weggewischt oder klar kommuniziert: die Familie, Freunde und das Herz stehen an erster Stelle! Welch ein spannendes Gedankenexperiment: was, wenn das berühmte Kindermädchen einmal mit ihrem Schirm im Haushalt von Emily Gilmore gelandet wäre …?

So wie die Mädchen in ihren Filmen stets ein positives Auffangen und Ablenkung in schlechten Zeiten, eine Orientierung in Karriere- oder Liebesplänen finden, so gilt Gleiches auch für unser Verhältnis zu den *Gilmore Girls*. Sie können beinahe beste Freundin, Schwester, Mutter sein, wenn diese gerade nicht verfügbar sind. Wie ihre Filmhelden aus den 50er-Jahren bei ihnen selbst, lösen sie in unserem Körper ähnliche Hormonausschüttungen aus wie ein großer Becher Ben&Jerry's, mehrere prall gefüllte Shoppingtaschen und der heiße Kakao mit Marshmallows nach einem langen Herbstspaziergang.

»Das ist nicht fair, die Torte hat keine Beine!« – Die besten Zitate

Viele Fans können die Dialoge der Serie inzwischen schon fast mitsprechen, die Auseinandersetzungen zwischen Lorelai und Emily sind längst legendär und auch Luke steht dem in nichts nach. Hier ist eine Auswahl der schönsten, lustigsten und besten Zitate:

Staffel 1, Folge 1 (»Alles auf Anfang«) – Gilmore-Villa

Rory: »Na, Grandpa, wie läuft's bei der Versicherung?« – **Richard:** »Mmh, die Menschen sterben – wir bezahlen! Sie fahren Autos zu Schrott – wir bezahlen! Sie verlieren Gliedmaßen – wir bezahlen!« – **Lorelai:** »Wenigstens hast du jetzt 'nen neuen Werbeslogan!«

Staffel 4, Folge 4 (»Alarm, Alarm«) – Stadtversammlung

Lorelai: »Entschuldige, Taylor. Aber wir warten hier sehr geduldig, wie Sie sehen. Wir sind startklar und so weiter« – **Taylor:** »Sehr schön. Das nächste Thema, liebe Freunde, dreht sich um etwas, worauf wir alle sehr stolz sein können. Jemand aus unseren Reihen, der Viertklässler Donny Pass wurde beim Autorenwettbewerb des Staates Connecticut mit dem zweiten

Platz ausgezeichnet. Sein Werk trägt den Titel ›Der überglückliche Donut‹.« – **Sookie:** »Ich fürchte, mit platzt vor Langeweile noch die Fruchtblase.«

Staffel 1, Folge 3 (»Familie mit Handicap«) – Gilmore-Villa

Emily: »Wie geht's in Chilton?« – **Lorelai:** »Rory muss sich entscheiden, was für einen Sport sie treiben will!« – **Rory:** »Ja, das ist dort Pflicht!« – **Richard:** »Körperliche Fitness ist ebenso wichtig wie geistige Fitness, sagte schon Plato – und ich sage das auch!« – **Emily:** »Was für eine Sportart wählst Du?« – **Rory:** »Ich weiß noch nicht. Ich war eigentlich nie sehr sportlich.« – **Lorelai:** »Ich habe ihr geraten, in den Debattierclub zu gehen!« – **Rory:** »Das ist kein Sport!« – **Lorelai:** »Oh doch, so wie es die Gilmores machen schon!«

Staffel 4, Folge 10 (»Eine heimliche Affäre«) – der Stanford Studentenzeitung

Rory: »Hier ist dein Erdbeereis.« – **Doyle:** »Da sind Erdbeeren drin.« – **Rory:** »Also darauf fällt jetzt nicht mal mir ne Antwort ein.«

Staffel 4, Folge 6 (»Abserviert«) – Luke's Diner

Kirk: »Stell dir vor, ich wäre Tom Cruise. Wo würdest du mich platzieren?« – **Luke:** »In der Schauspielschule!«

Staffel 4, Folge 4 (»Alarm, Alarm!«) – Haus Lorelai Gilmore

Lorelai: »Oh, du hast ja ganz kurze Haare.« – **Rory:** »Etwas kürzer als vorher.« – **Lorelai:** »Aber du hast nichts gesagt, dass du sie dir schneiden willst.« – **Rory:** »Das war eine spontane Eingebung.« – **Lorelai:** »Es deiner Mutter zu verschweigen, dass du von nun an rumläufst wie G. I. Jane?« – … – **Lorelai:** »Wieso hast du nichts von dem Haarschnitt erzählt?« – **Rory:** »Sie sind nur ein Stück kürzer.« – **Lorelai:** »Die vom Blindenverein würden das vielleicht so sehen.« – **Rory:** »Gefällt es dir?« – **Lorelai:** »Würdest du sie wieder ankleben, wenn nicht?« – **Rory:** »Mom!« – **Lorelai:** »Ja, es sieht schön aus.«

Staffel 2, Folge 3 (»Kalte Füße«) – Bäckerei

Rory: »Okay, unser Haus brennt und du kannst mich oder die Torte retten, was würdest du tun?« – **Lorelai:** »Das ist nicht fair, die Torte hat keine Beine!«

Staffel 1, Folge 3 (»Familie mit Handicap«) – Gilmore-Villa

Emily: »Mira macht ein wunderbares Cassoulet.« – **Lorelai:** »Wer ist Mira?« – **Emily:** »Unsere Köchin.« – **Lorelai:** »Ich dachte, die heißt Heidi?« – **Emily:** »Oh nein, Heidi ist schon vor Monaten gegangen! Sie hat einfach alles offen stehen lassen: die Türen, öfter mal den Kühlschrank …« – **Richard:** »… die Schnapsflaschen …« – **Emily:** »Danach kam Trina, dann Sophia …« – **Richard:** »Oh, die hab ich gemocht!« – **Emily:** »Das ist nicht wahr!« – **Richard:** »Ach nein?« – **Emily:** »Sie hat doch immer gesungen!« – **Richard:** »Ja, richtig! Grauenvolle Person!« – **Emily:** »Und nach Sophia hatten wir dann Anton!« – **Richard:** »Ganz genau – Anton war der, den ich gut leiden konnte!« – **Lorelai:** »Ich verstehe nicht, Dad – wie konntest du bloß Sophia mit Anton verwechseln?« – **Richard:** »Wie meinst du das?« – **Lorelai:** »Die eine ist eine Frau, der andere aber ein Mann!« – **Richard:** »Und worauf willst du hinaus?« – **Lorelai:** »… dass die eine eine Frau, der andere aber ein Mann ist!« – **Richard:** »Ich habe ungeheuer viel zu tun, Lorelai. Da bleibt mir keine Zeit, über die vielen Bediensteten Buch zu führen, die deine Mutter beschäftigt!« – **Lorelai:** »Aber die eine ist eine Frau, der andere ein Mann!!« – … *Bedienstete betritt den Raum und stellt den Kuchen auf den Tisch.* – **Lorelai:** »Also, das Essen war wirklich hervorragend, Mira.« – **Bedienstete:** »Ich heiße Sarah.« – **Lorelai:** »Oh.«

Staffel 7, Folge 2 (»Scherbenhaufen«) – Lanes Wohnung

Rory: »Lane? Alles ok? Hat der Arzt gesagt, du hast einen Parasiten?« – **Lane:** »In gewisser Weise schon. Ich bin schwanger.« – **Rory:** »Hör auf!« – **Lane:** »Ich bin schwanger!« – **Rory:** »Du doch nicht!« – **Lane:** »Und ob.« – **Rory:** »Nein!« – **Lane:** »Doch, ich war beim Arzt und der hat's mir gesagt. Ich bin schwanger. Mit einem Baby!« – **Rory:** »Nein!« – **Lane:** »Doch!« – **Rory:** »Wow!« – **Lane:** »Ja, wow.«

Staffel 4, Folge 17 (»Partylaune«) – Strand in Florida

Paris: »Haben wir jetzt alles erlebt? Ich meine, wir haben gefeiert, wir haben geknutscht, wir haben getrunken, wir haben gekotzt …« – **Rory:** »Wir haben nicht gekotzt.« – **Paris:** »Gib uns 10 Minuten.«

Staffel 1, Folge 1 (»Alles auf Anfang«) – Luke's Diner

Luke: »Kaffee, Pommes frites. Ich versteh das nicht, dieses Zeug ist so ungesund. Rory, bitte trink keinen Kaffee mehr. Du willst doch nicht so werden wie deine Mum!« – **Rory:** »Tut mir leid. Zu spät.«

Staffel 1, Folge 7 (»Ein Kuss mit Folgen«) – Stars Hollow

Lorelai: »Eine von uns muss heute Wäsche waschen.« – **Rory:** »Warum?« – **Lorelai:** »Weil ich seit drei Tagen keine saubere Unterwäsche mehr habe.« – **Rory:** »Und was hast du jetzt unter deinem Rock an?« – **Lorelai:** »Keine Unterwäsche!« – **Rory:** »Mom!« – **Lorelai:** »Das ist sogar ganz angenehm luftig.« – **Rory:** »Mein großes Vorbild, Ladies and Gentlemen.«

Staffel 1, Folge 9 (»Kopfüber in die Nacht«) – Gilmore-Villa, beim Essen

Emily: »Lorelai. Was tust du da?« – **Lorelai:** »Ich sortiere die Avocado aus.« – **Emily:** »Seit wann hast du was gegen Avocados?« – **Lorelai:** »Seit dem Tag, als ich sagte – Igitt, was ist das – und du sagtest – Avocado!«

Staffel 2, Folge 1 (»Der Antrag«) – Stars Hollow

Rory: »Heirate doch in Italien.« – **Lorelai:** »Viel zu weit weg, das hatten wir doch schon. Viel zu viel Unerwartetes auf der Welt.« – **Rory:** »Was denn?« – **Lorelai:** »Balkankrieg.« – **Rory:** »Das ist schon ewig her, lies mal Zeitung!« – **Lorelai:** »Ach, davon krieg ich schwarze Finger!« – … – **Lorelai:** »Kennst du die Stelle in *Eine schrecklich nette Familie*, wo Al so tut, als würde er sich gleich aufhängen, weil seine Frau so viel labert?« – **Rory:** »Ja.« – **Lorelai:** »Irgendwie ist mir das plötzlich eingefallen.« – **Rory:** »Okay, ich bin schon ruhig. Ich bringe den Strauß zu Lane.« – **Lorelai:** »Gut, wir treffen uns bei Luke.« – **Rory:** »Ach … und bring mir eine Zeitung mit.« – **Lorelai:** »Aber meine Finger …!«

Staffel 2, Folge 1 (»Der Antrag«) – Independence Inn

Sookie: »Erzähl mir von den wunderbaren Neuigkeiten!« – **Lorelai:** »Ich bin verlobt.« – **Sookie:** »Was?« – **Lorelai:** »Ich werde bald heiraten!« – **Sookie:** »Nein!« – **Lorelai:** »Doch!« – **Sookie:** »Nein!« – **Lorelai:** »Doch!« – **Sookie:** »Nein!« – **Lorelai:** »Doch!« – **Sookie:** »Nein!« – **Lorelai:** »Nein!« – **Sookie:** »Was?« – **Lorelai:** »Sookie!!«

Staffel 1, Folge 5 (»Katzenjammer«) – Lorelais Haus / Telefon

Emily: »Du gehst nicht zum Begräbnis von deiner Cousine, aber zur Totenwache für ein Tier?« – **Lorelai:** »Nicht meine Cousine, Mum. Die Tochter der Schwester der Großmutter von

Dad, die ich nie …« – **Emily:** »Du sagtest, du kämst nicht vom Hotel weg.« – **Lorelai:** »Hab ich auch gedacht, aber dann habe ich es irgendwie hingekriegt.« – **Emily:** »Wegen des Katers?« – **Lorelai:** »Lass uns auflegen, ich hab morgen einen schweren Tag, Mum.« – **Emily:** »Ach, gehst du zu einer Waschbärenhochzeit?« – **Lorelai:** »Gute Nacht, Mutter.« – **Emily:** »Gute Nacht.« – **Lorelai** (*zu Rory*): »Sie vertreibt Beruhigungsmittel und deshalb hält sie die Nachfrage auch immer schön hoch!«

Staffel 3, Folge 5 (»Ein verpatztes Date«) – Luke's Diner

Ein weiblicher Gast stillt ihr Baby – **Luke:** »Wieso, wieso tut sie das? Das ist ein öffentlicher Ort und manche wollen essen.« – **Rory:** »Ja, allerdings!« – **Luke:** »Das ist bestimmt unhygienisch!« – **Lorelai:** »Wer weiß, wo sie mit den Dingern noch war?!« – **Luke:** »Seit wann wird so was akzeptiert? Keine Frau hätte sich früher getraut so etwas öffentlich zu machen. Sie hätte sich nen Heuschober oder 'ne Höhle gesucht. Ich finde das unanständig. Das ist ein Café und keine Peepshow.« – **Lorelai:** »Du könntest doch beides gut kombinieren und dann verlangst du mehr für deine Cheeseburger. Die Leute würden vielleicht nicht mehr ohne Weiteres ein Glas Milch bestellen, aber …«

Staffel 3, Folge 19 (»Eine wilde Nacht«) – Büro des Schuldirektors

Direktor: »Sie können sich den Abschluss an den Hut stecken. Auf dem Ball sind nur Schüler mit Abschluss zugelassen. Tut mir leid für ihre Freundin.« – **Jess:** »Halt, moment mal. Vielleicht hinke ich hinterher, das kann ich aber aufholen.« – **Direktor:** »Das geht nicht, Sie haben zu oft gefehlt.« – **Jess:** »Nein, das stimmt überhaupt nicht.« – **Direktor:** »Es waren sage und schreibe 31 Tage. 20 sind das Maximum.« – **Jess:** »Und das wars dann einfach so?« – **Direktor:** »Ganz recht!« – **Jess:**

»Danke für die Vorwarnung.« – **Direktor:** »Sie meinen die neun blauen Briefe von uns waren nicht genug. Die Termine, die ich für sie und den Vertrauenslehrer vereinbart habe, und die mit mir, die sie versäumt haben. Das war nicht Warnung genug?« – **Jess:** »Ich hol das alles auf, ich bin klüger als die meisten hier.« – **Direktor:** »Und so bescheiden.«

Staffel 5, Folge 7 (»Sprung ins Ungewisse«) – Yale Daily News

Rory: »Ich schreib den Artikel aus Sicht des Insiders.« – **Doyle:** »Bist du vorsichtig?« – **Rory:** »Ich versuchs!« – **Doyle:** »Dann bleib dran!« – **Rory:** »Auf jeden Fall!« – **Doyle:** »Das war toll. Das war gerade wie in *Die Unbestechlichen*!« – **Rory:** »Ja, du hast recht!« – **Doyle:** »Wie wir so hintereinander gelaufen sind, richtig gut!« – **Rory:** »Wie könnten es ja irgendwann nochmal machen!« – **Doyle:** »Jetzt gleich?« – **Rory:** »Wär uncool!« – **Doyle:** »Wir sind dann klar!« – **Rory:** »Natürlich, Chef!«

Staffel 5, Folge 7 (»Sprung ins Ungewisse«) – Camp der »Life and Death Brigade«

Rory: »Wieso sehen die alle so besorgt aus?« – **Logan:** »Der Champagner ist alle! Du weißt, dass du nicht springen musst? Niemand zwingt dich.« – **Rory** (*Nimmt sich einen Schirm.*): »Ich weiß.« – **Logan:** »Vertraust du mir?« – **Menge:** »In omnia paratus!« – **Rory:** »Wenn du springst, springe ich auch, Jack!« – **Alle:** »In omnia paratus!«

Staffel 5, Folge 8 (»Katerstimmung«) – Luke's Diner

Kyon: »Was ist das?« – **Lane:** »Pommes.« – **Kyon:** »Aber Mrs. Kim sagt, Pommes sind die fettigen Finger des Teufels.« – **Lane:** »Sie sind heiß, lecker und enthalten garantiert keine Leinsamen.« – **Kyon:** »Aber das ist eine Einstiegsdroge und verleitet zu härteren Sachen: Pizza, haufenweise Popcorn, verschieden Schokoriegel, frittierte … hm …« – **Lane:** »Willkommen in Amerika!«

Staffel 4, Folge 12 (»Abgefahren«) – Luke's Diner

Lorelai: »Kirk, darf ich mich zu dir setzen?« – **Kirk:** »Ich hab eine Freundin.« – **Lorelai:** »Ich will nicht mit dir flirten, Kirk.« – **Kirk:** »Oh, dann darfst du dich setzen.« – **Lorelai:** »Danke. Dein Hemd ist toll.« – **Kirk:** »Ja, das ist ein Markenhemd.« – **Lorelai:** »Das war ein Flirt.« – **Kirk:** »Oh man.«

Staffel 1, Folge 6 (»Albtraum Geburtstag«) – Luke's Diner

Luke: »Sie ist noch nicht da.« – **Lorelai:** »Auch gut, dann musst du mich wohl so lange unterhalten, fürchte ich. Also, Burgerboy, tanze!« – **Luke:** »Willst du meine Frau werden?« – **Lorelai:** »Was??« – **Luke:** »Nur ein Versuch dich zum Schweigen zu bringen!«

Staffel 4, Folge 4 (»Abgefahren«) – Lorelais Haus

Lorelai: »Waren wir denn verabredet?« – **Rory:** »Nein, ich bin eine Überraschung!« – **Lorelai:** »So wie deine Empfängnis.« – **Rory:** »Ich brauche 2 Minuten.« – **Lorelai:** »Wie deine Empfängnis!«

Staffel 4, Folge 22 (»Das erste Mal«) – Luke's Diner

Lorelai: »Es könnte sein, dass ich was mit Luke habe.« – **Rory:** »Was?!« – **Lorelai:** »Ich bin mir nicht sicher. Es ist möglich, aber ich kann mich auch irren!« – … – **Lorelai:** »Luke kann Walzer tanzen.« – **Rory:** »Luke kann Walzer?« – **Lorelai:** »Luke kann Walzer tanzen.« – **Rory:** »Wieso sagst du das so, Luke kann Walzer tanzen.« – **Lorelai:** »Naja, weil ich überrascht war, dass er Walzer tanzen kann.« – **Rory:** »Es klang, als wärst du überrascht gewesen, dass du danach noch was anhattest.« – **Lorelai:** »Jetzt reichts aber!«

Staffel 4, Folge 11 (»Der Glöckner von Stars Hollow«) – vor der Kirche

Lorelai: »Was, die Kirchentür ist verschlossen? Soll das ein Scherz sein? Und wenn ich was Heiliges tun will?« – **Luke:** »Sowas wie Vandalismus?« – **Lorelai:** »Ich glaub, sogar sie hat die Schnauze voll von den Glocken!« (*zeigt nach oben*) – **Luke:** »Dann brech ich jetzt mal das Schloss auf!« – **Lorelai:** »Nein, warte ...« – **Luke:** »Was hast du vor?« – **Lorelai:** »All die Folgen von *Hart aber herzlich*, die ich gesehen habe, könnten jetzt was bringen!« – **Luke:** »Was ist das?« – **Lorelai:** »Der Ausweis vom Fitnessstudio!« – **Luke:** »Sag bloß, da bist du Mitglied?« – **Lorelai:** »Ja!« – **Luke:** »Seit wann?« – **Lorelai:** »Seit der Geburt von Rory. Ich wollte nach der Schwangerschaft abnehmen.« – **Luke:** »Warst du mal da?« – **Lorelai:** »Gott, nein – ich war viel zu fett!«

Staffel 3, Folge 12 (»Am Haken«) – Lorelais Haus, vor der Garage

Rory: »Woher sollten sie wissen, dass der Zettel von dir ist?« – **Lorelai:** »Da waren Powerpuff Girls drauf, von wem hätte er sonst sein sollen, von Hello Kitty?«

Staffel 2, Folge 4 (»Auf und davon«) – Ferienpension im Blumenzimmer

Lorelai: »Ich bin eine erwachsene Frau!« – **Rory:** »Sagt die Frau mit dem Hello-Kitty-Waffeleisen!«

Staffel 4, Folge 22 (»Das erste Mal«) – Lukes Wohnung

Kirk: »Ich denke, dass ich sie liebe ... Luke. Und ich hab ihr noch nicht mal gesagt, dass ich sie liebe. Ich hab mal Buchstabenkekse besorgt und es geschrieben, aber ... sie hatte großen Hunger. Ich glaube kaum, dass sie es vorher gelesen hat. Ich kann sie doch nicht nachts attackieren, bevor ich ihr gesagt habe, dass ich sie liebe!«

Staffel 3, Folge 14 (»Blauäugig«) – Luke's Diner

Jess: »Es war ein blöder Schwan!« – **Luke:** »Und jetzt bitte die wahre Geschichte!« – **Jess:** »Das ist die wahre Geschichte! Er ist da draußen am Steg von Larson. Ich bin da bloß vorbeigegangen und dieses Vieh kam aus dem Nichts und hat mich, bamm, angeschnabelt, voll ins Auge.« – **Luke:** »Angeschnabelt?« – **Jess:** »Du glaubst mir immer noch nicht.« – **Luke:** »Ich wusste einfach bisher nicht, dass es so ein Wort wie ›angeschnabelt‹ gibt.«

Staffel 4, Folge 12 (»Abgefahren«) – vor Luke's Diner

Luke: »Es ist deine Schuld, dass ich dich an die Luft setzen musste.« – **Jess:** »Du verdrehst die Fakten. Arbeite doch für Bush.«

Staffel 4, Folge 6 (»Abserviert!«) – Lorelais Haus

Emily: »Auf deinem Hintern steht das Wort ›saftig‹!« – **Lorelai:** »Wenn ich gewusst hätte, dass du kommst, dann hätte ich was anderes angezogen.« – **Emily:** »Und was? Einen BH, auf dem ›lecker‹ steht?«

Staffel 4, Folge 16 (»Ein Trauerfall«) – Gilmore-Villa

Emily: »Ach, nun tu doch nicht so entrüstet. Es war früher durchaus üblich, dass bedeutende Familien auf eine reine Blutlinie achteten.« – **Lorelai:** »Auf eine reine Blutlinie achten, so nennt man das?« – **Emily:** »Wie würdest du's denn nennen?« – **Lorelai:** »Oh, keine Ahnung. Wie wärs mit ›Guten Morgen, ich hab 'ne verdammt süße Schwester und drei zusätzliche Zehen!‹«

Staffel 1, Folge 15 (»Sex mit dem Ex«) – Lorelais Haus

Chris: »Ich möchte dich heiraten.« – **Lorelai:** »Und ich dachte, es kann nicht mehr schlimmer werden!« – **Chris:** »Nein! Denk erst einmal darüber nach, bevor du …« – **Lorelai:** »Du hast den Verstand verloren! Du bist total irre! Du tickst wohl nicht mehr richtig. Vor dir würde sogar Charles Manson vor Angst wegrennen!«

Staffel 1, Folge 18 (»Die vierte Generation«) – Independence Inn am Telefon

Emily: »Der Garderobenständer!« – **Lorelai:** »Die Fische fliegen bei Nacht.« – **Emily:** »Was???« – **Lorelai:** »Ich weiß auch nicht, wer ist da?!«

Staffel 5, Folge 12 (»Süße Stunden«) – Lukes Wohnung

Lorelai: »Hey, du hast mir ein Regalbrett angebracht. Das ist echt nett.« – **Luke:** »War reiner Selbstschutz. Ich hab aus Versehen ständig deine komische Zahnpasta benutzt.« – **Lorelai:** »Meine Zahnpasta ist nicht komisch!« – **Luke:** »Mit Zimtgeschmack?!« – **Lorelai:** »Na und?« – **Luke:** »Mag ich nicht. Ich will normalen Zahnpastageschmack.« – **Lorelai:** »Was ist normaler Zahnpastageschmack?« – **Luke:** »Du weißt schon. Gestreift.« – **Lorelai:** »Gestreift ist keine Geschmacksrichtung!« – **Luke:** »In der Zahnpastawelt schon.« – **Lorelai:** »Oh, in der Zahnpastawelt. Du meinst so was wie Who-Ville?«

Staffel 5, Folge 12 (»Süße Stunden«) – Dragonfly Inn

Michel: »Wir haben ein schockierendes Mini-Bar-Problem. Seit einigen Wochen fehlt regelmäßig die Schweizer Schokolade in den Mini-Bars, nachdem ich sie überprüft habe!« – **Sookie:** »Was?!« – **Michel:** »Nur die Schweizer Schokolade und auch nur auf bestimmten Zimmern. Ich glaube, wir haben Diebe!!« – **Lorelai:** »... oder Gäste!«

Staffel 2, Folge 3 (»Kalte Füße«) – Straße in Stars Hollow

Dean: »Wenn sie gerade Pizza mit Ihnen essen und Lorelai sagt, die Pepperonis sind sauer auf die Champignons, weil die Champignons so schlecht drauf sind, und dann mit einer Pepperoni rumwedelt, die wissen will, was Sie davon halten. Lachen Sie nicht darüber, antworten Sie der Pepperoni. – **Max:** »Ich antworte der Pepperoni!« – **Dean:** »Und Vorsicht bei Hundebabies, weil sie die mit nach Hause nehmen wollen.« – **Max:** »Ja, das weiß ich schon!« – **Dean:** »Oh, und noch was Wichtiges: Wenn Sie irgendwann denken, die zwei machen etwas ganz Verrücktes, irren Sie sich. Auch wenn Sie es nicht glauben: Hinter allem, was die zwei tun, steckt eine wahnwitzige, völlig verdrehte Logik, die sowieso kein Normalsterblicher versteht. Sie werden nie dahinterkommen.« – **Max:** »Dein Wissen ist grenzenlos.«

Staffel 4, Folge 1 (»Überraschung!«) – vor Lorelais Haus

Lorelai: »Ist zwischen euch was vorgefallen?« – **Luke:** »Ja!« – **Lorelai:** »Was – hast du ihr einen Antrag gemacht?« – **Luke:** »Ja!« – **Lorelai:** »Oh man, du hast um ihre Hand angehalten?« – **Luke:** »Ja, ich habe um ihre Hand angehalten!« – **Lorelai:** »Das ist Wahnsinn ... das ist ein Knüller!« – **Luke:** »Es geht noch weiter!« – **Lorelai:** »Noch weiter? Okay! Was kommt noch – hat sie ja gesagt?« – **Luke:** »Ja!« – **Lorelai:** »Du hast ihr einen Antrag gemacht und sie hat ›ja‹ gesagt. Wow, ich..« – **Luke:** »Es geht noch weiter!« – **Lorelai:** »Es geht noch weiter, nachdem sie zu deinem Antrag ja gesagt hat? Was, habt ...« – **Luke:** »Wir haben geheiratet ...« – **Lorelai:** »Ihr habt geheiratet?! Und wie ist das möglich?« – **Luke:** »Tja, der Kapitän hat uns an Bord getraut!« – **Lorelai:** »Ist das rechtsgültig?« – **Luke:** »Offensichtlich schon!« – **Lorelai:** »Du bist also verheiratet? Offiziell verheiratet? Das ist doch … « – **Luke:** »Ehrlich gesagt, geht die Geschichte noch ein kleines bisschen weiter!« – **Lorelai:** »Und sie ist schwanger? Du meine Güte, endlich wirst du Vater!« – **Luke:** »Wir lassen uns wieder scheiden!« – **Lorelai:** »Ich muss mich sofort setzen.«

Staffel 1, Folge 18 (»Die vierte Generation«) – Gilmore-Villa
Emily: »Du hast also telefoniert?« – **Richard:** »Ein Ferngespräch!« – **Lorelai:** »Mit Gott?« – **Richard:** »London!« – **Lorelai:** »Gott lebt in London?« – **Richard:** »Meine Mutter lebt in London!« – **Lorelai:** »Deine Mutter ist Gott?« – **Richard:** »Lorelai!« – **Lorelai:** »Also ist Gott wirklich eine Frau!« – **Richard:** »Lorelai!« – **Lorelai:** »Und mit mir verwandt! Ist das cool! Am besten mach ich gleich mal eine Wunschliste!« – **Richard** (*zu Rory*): »Kannst du sie nicht stoppen?« – **Rory:** »Das kann keiner!«

Staffel 3, Folge 16 (»Aus der Traum«) – Chilton Academy, bei der Abschlussrede
Paris: »Ich hatte Geschlechtsverkehr, aber ich darf nicht nach Harvard.« – **Rory:** »Also gut, ich …« – **Paris:** »Und wenn mich einer fragen würde, welches dieser beiden Ereignisse ich in Bezug auf mich für unwahrscheinlicher halte, dann wäre meine Antwort ganz sicher nicht Harvard.« – **Rory:** »Einen schönen Abend noch und danke!«

Staffel 2, Folge 8 (»Zukunftsträume«) – Gilmore-Villa
Emily (*zu Lorelai*): »Möchtest du einen Spiegel haben? Dann kannst du dich ansehen, während du Selbstgespräche führst!«

All about the Girls –
Insider und die schönsten Fehler der Serie

Zu jeder Serie gehören die klassischen Insider sowie Gastauftritte, und selbstverständlich ist auch *Gilmore Girls* voll davon.

Insiderfakten zur Serie

- Die Serie ist bekannt für ihre besonders schnell und viel redenden Hauptdarstellerinnen. Dies entspricht nicht nur dem Gefühl der Zuschauer – es gibt so überdurchschnittlich viele Dialoge, dass die Drehbücher pro Folge circa 75–80 Seiten umfassen. Bei anderen Serien reichen dafür 45–50 Seiten aus.
- In der berühmten »Thousand yellow Daisies«-Folge (Staffel 2, Folge 1) erhält Lorelai von Max Medina zum Heiratsantrag tausend gelbe Margeriten. Für den Dreh benötigte das Team allerdings weit mehr, da sie nicht nur das Hotel, sondern auch ganz Stars Hollow damit ausstatten mussten. Nach abertausenden Margeriten konnte das Team dann keine gelben Blumen mehr sehen – unter Fans ist die romantische Szene dafür umso beliebter.

- Die Namen der Hauptdarsteller beeinflussten auch die Namen der geborenen Babies in Amerika. So stiegen »Lorelai« und »Rory« deutlich an – der Wunsch nach einem »Kirk« oder »Taylor« nahm jedoch deutlich ab.
- Eine ganz besondere Lady hatte ebenfalls einen Gaststarauftritt und durfte sogar mit Rory das Bett teilen: die ehemalige amerikanische Außenministerin Madeleine Albright erscheint in einer Traumszene in Staffel 6 und zeigt damit ungewohnte Volksnähe. Dass sie die Serie allerdings tatsächlich mag, zeigte sich mit einem von ihr veröffentlichten Tweet im Herbst 2015: twitter.com/madeleine/status/656273315070238721

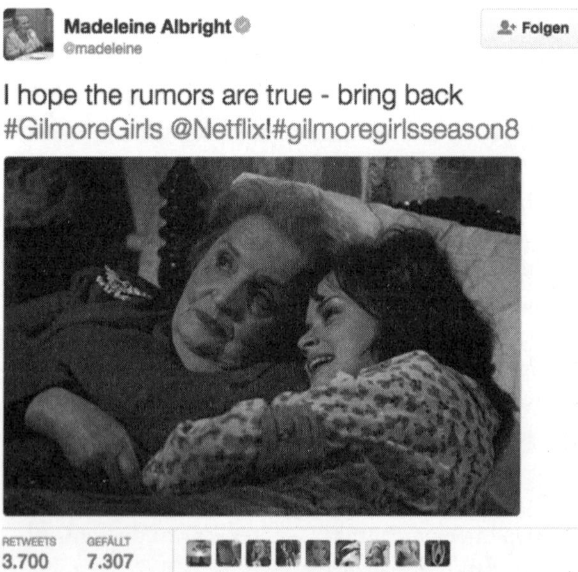

- Die Schauspielerin Alex Borstein sollte eigentlich die Rolle der Sookie übernehmen – hatte dann jedoch andere Verpflichtungen. Trotzdem tritt sie zweimal auf – einmal als Harfinistin im Hotel sowie als Stylistin Miss Celine im Haus der Großeltern. Ihr Ehemann Jackson Douglas spielt in der Serie Sookies Ehemann Jackson Belleville.
- Lanes Freund Dave verlässt die Serie – es wird damit begründet, dass er für einen Schulwechsel nach Kalifornien geht. In der Realität wechselt der Schauspieler Adam Brody die Serie und besucht als Schüler das kalifornische »The O. C.«.
- Als Jess nach vielen Folgen plötzlich wieder auftaucht, lebt er ohne weitere Erklärung in Philadelphia. Dies ist auch in der Realität korrekt, da der Schauspieler Milo Ventimiglia zu diesem Zeitpunkt die Serie *American Dreams* in Philadelphia drehte.
- Der von Paris besonders vergeachtete Chilton-Schüler Brad Langford kehrt nach einer kurzen Abwesenheit zu Serie und Schule zurück. Die *Gilmore Girls*-Drehbuchautoren machten es sich einfach und behaupteten, er hätte am Broadway am Stück *Into the Woods* teilgenommen – dies entsprach der Realität des Schauspielers Adam Wylie.
- Die einzigen Charaktere, die in allen 153 Folgen der Serie mitspielten, sind Lorelai (Lauren Graham), Rory (Alexis Bledel), Emily (Kelly Bishop), Sookie (Melissa McCarthy) sowie natürlich Luke (Scott Patterson).

Einige Schauspieler hatten in der Serie mehrere Rollen bzw. Auftritte unter verschiedenen Namen:

- Zum Beispiel heißt Kirk ganz am Anfang noch »Mick« und erhält seine richtige Rolle erst einige Folgen später.

- Aber auch Sherilyn Fenn, die Aprils Mutter Anna Nardini spielt, hatte bereits einige Folgen vorher die Rolle der »Sasha« – der Freundin von Jess' Vater Jimmy – übernommen. Interessanterweise liebten die Fans sie als Sasha, als Anna Nardini erhielt sie jedoch aufgrund ihrer Rolle als Gegnerin von Serienliebling Luke nur sehr wenige Sympathiebezeugungen.
- Alex Borstein übernahm die Rolle der Hotelharfinistin sowie die der Stylistin Miss Celine. Im amerikanischen Original übernahm sie noch die nur hörbare Rolle der verrückten Ehefrau von Lorelais Kurzzeitnachbar.
- Marion Ross trat sowohl als Richards Mutter Lorelai »Trix« Gilmore als auch als Cousine Marilyn in Staffel 4, Folge 16 auf.
- Die junge Schauspielerin Riki Lindhome spielte sowohl ein Mädchen auf der Stars Hollow Highschool, die Lorelai mit sehr persönlichen Fragen während des Karrieretags auf die Nerven geht, als auch Juliet, eine Studentin der Yale Universität.
- Samantha Shelton spielte sowohl Libby, eine Mitdebütantin von Rory mit Hang zum Alkohol, als auch Walker, eine von den Brautjungfern bei der Hochzeit von Logans Schwester Honor.
- Seth MacFarlane (eigentlich der Erfinder der in den USA sehr populären Serie *Family Guy* und damit ein Kollege von Amy Sherman-Palladinos Ehemann Daniel Palladino, der für die Serie als Autor und Produzent arbeitete) spielte Zach, der auf Lorelais Abschlussfeier sehr offensiv gegen wohlhabende Leute stänkert. Dann hat er nochmal – allerdings nur im amerikanischen Original hörbar – einen Auftritt als Emilys Anwalt Bob Merriam.

Fans machen sich bei vielen Serien und Filmen inzwischen einen Sport daraus, alle Fehler zusammenzutragen, die sie über die Zeit in den Folgen entdecken konnten. Selbstverständlich sind Produzenten und Autoren nicht perfekt, aber bei den *Gilmore Girls* haben sie es leider öfter mal nicht ganz so ernst genommen, und die Grenze zu absichtlich eingebauten Insidern ist fließend. Dies mag beim ersten Sehen nicht gleich auffallen, wenn hier und da mal ein Mikrofon in den Raum hängt oder aber eine Tasse nach einem Schnitt von rechts nach links gewandert ist, wenn ein Darsteller für mehrere Rollen besetzt wird oder erst tot und dann wieder lebendig ist – wer die Serie aber mehrere Dutzend mal gesehen hat, jedes Lied mitsingen und jeden Dialog mitsprechen kann, der kennt alle Ungereimtheiten oder Schusseligkeiten der Darsteller, aber auch der technischen und logischen Umsetzung. Hier eine unvollständige Auflistung:

Technik-/Aufnahmefehler:

Staffel 1, Folge 1: In der Eröffnungsszene läuft Lorelai noch durch ein ganz anderes Stars Hollow mit anderen, freistehenden Häusern. Sie geht zu Luke's Diner, das hier noch in der Mitte der Straße liegt, im Gegensatz zum späteren Stand an der Straßenecke – zudem ist das Café deutlich kleiner als im Rest der Serie. Ebenso ist die Villa der Gilmores ein anderes Haus. Es hat einen völlig anderen Eingangsbereich (vor dem Lorelai ja stets im Auto einen Kaffee zu trinken pflegt).

Staffel 1, Folge 1: Rory läuft mit Dean die Straße entlang, danach gibt es einen Schnitt zu Luke's Diner, wo sie gemeinsam mit ihrer Mutter im Café am Tisch sitzt – die Kamera filmt von außen rein. In diesem Moment trägt Rory einen hellblauen Pullover. Der nächste Schnitt ist die Szene im Café, wo Rory auf einmal einen roten Pullover mit schwarzem Cardigan trägt.

Staffel 1, Folge 2: Nach dem missglückten ersten Tag in Chilton braucht Lorelai dringend Kaffee bei Luke und bettelt am Tresen nach einer Tasse davon, während er mit einem roten Schraubenzieher den Toaster repariert. Er dreht sich um und holt die Kaffeekanne, beim erneuten Schnitt auf Lorelai steckt der Schraubenzieher nicht mehr im Toaster, sondern liegt daneben.

Staffel 1, Folge 14: In der ersten Szene bringt Dean zum Fernsehen mit den Mädels Pizza mit. Diese essen sie auf dem Sofa. Lorelai hat die Schachtel auf ihrem Schoß und Rory nimmt sich ein Stück – nach einem Schnitt ist die Pizza wieder komplett und Rory nimmt sich erneut das erste Stück.

Staffel 1, Folge 15: Luke wartet vor dem Café auf Lorelai, die ihm eigentlich bei der Renovierung helfen wollte. Während er in den Laden geht, kann man im linken Eingangsfenster deutlich die Spiegelung der Filmcrew sehen.

Staffel 1, Folge 16: Rory bittet Lorelai in deren Haus, bei Emily anzurufen, um das Freitagsdiner zu besprechen; Lorelai steht auf und geht zum Telefon. Während sie aufsteht, schwenkt die Kamera ebenfalls nach oben, und man sieht deutlich das herabhängende schwarze Mikrofon.

Staffel 2, Folge 3: Ganz am Anfang probieren Lorelai und Rory zusammen Hochzeitskuchen für die Vermählung mit Max. Die Probetörtchen stehen vor ihnen aufgereiht, bereits deutlich angegessen, es fehlt jeweils fast die Hälfte. Dann gibt es einen Schnitt, sie werden von hinten gefilmt, dann wieder von vorne. In der neuen Einstellung stehen weniger Probetorten vor ihnen und es fehlt kein Stück.

Staffel 2, Folge 3: Lorelai, Rory und Max frühstücken bei Luke. Ihre Kaffeetassen sind einmal rot und einmal blau – die Tasse von Max wechselt von der linken Seite auf die rechte.

Staffel 2, Folge 6: Lorelai will Christopher anrufen und sich während des Anrufs Notizen machen. Sie bittet Rory, ihr ein Kaugummipapier zu geben, auf dem sie sich eine Nummer notiert. Einen Schnitt später hat sie allerdings einen großen Notizblock dafür in der Hand.

Staffel 3, Folge 4: Lane probt mit ihrer Band im Musikladen. Sie streiten, und Dave nimmt Lane am Arm, um mit ihr draußen weiterzureden. Beim Rausgehen nimmt sich Lane schnell ihre Jacke – nach dem Schnitt, also vor der Tür, nur wenige Sekunden später hat sie diese allerdings nicht mehr in der Hand.

Staffel 4, Folge 6: Rory betritt das Studentenzimmer, während Paris nicht ans klingelnde Festnetztelefon gehen möchte. Rory packt ihre Tasche aus, legt ihr Handy auf den Schreibtisch und breitet während des Gesprächs mit ihr mehrere Unterlagen aus. Dann bittet sie Paris, doch mit deren Freund Jamie draußen zu telefonieren, um sie nicht bei der Arbeit zu stören. Da diese kein Handy hat, will Rory ihr ihr eigenes leihen und holt es – statt es vom Schreibtisch zu nehmen, wo es in mehreren Schnitten deutlich lag – erneut aus der Tasche.

Staffel 4, Folge 6: Sookie und Lorelai parken vor der Villa der Gilmores. Lorelai nimmt Stoff/Tischdecken aus dem Auto, Sookie Essensbehälter und sie gehen damit zum Haus. Aus dem Auto holte Sookie drei schwarze und einen weißen Behälter, vor der Tür hat sie aber auf einmal einen weißen Behälter mehr im Arm.

Staffel 5, Folge 8: Luke und Lorelai treffen sich zu einem romantischen Dinner über dem Café. Lorelai steckt die Kerzen völlig schief in die Kerzenhalter und legt dann eine CD ein. Die beiden trinken zusammen ein Glas Wein, und als Luke zurück zum Herd geht, der Tisch erneut im Sichtfeld ist, stehen die Kerzen gerade im Halter.

Staffel 6, Folge 1: Lorelai und Luke liegen zusammen in seiner Wohnung im Bett und reden über Kinder. Luke liegt erst auf einem hellblau-weiß-gestreiften Kissen, darunter ist ein beiges Kissen. Nach einem Schnittwechsel sind diese beiden Kissen vertauscht.

Staffel 6, Folge 13: Rory und Lorelai sitzen bei den Eltern auf dem Sofa und lassen sich von Richard Martinis bringen. Sie nippen kurz und stellen sie dann auf dem Couchtisch ab, darauf folgt ein Schnitt und sie stellen die Gläser erneut ab.

Inhaltliche Logikfehler:

Staffel 1, Folge 1: Lorelai kennt Luke angeblich seit zehn Jahren. Im Lauf der Serie wird aber klar, dass sie bereits kurz nach der Geburt von Rory abgehauen ist und angefangen hat im Independence Inn zu arbeiten. Da die Stadt so klein ist, müsste sie ihn also bereits seit knapp fünfzehn Jahren kennen, da er in Stars Hollow geboren ist und diesen Ort nie verlassen hat.

Staffel 1, Folge 2: »Mick« stellt sich bei seinem ersten Auftritt als Telekomtechniker in Folge 2 der ersten Staffel Lorelai extra vor und gibt sich auch fremd, als er bei seinem Job als stellvertretender Marktleiter von Doose's Market Miss Patty siezt. Dabei wohnt er danach als Kirk bereits seit seiner Geburt in Stars Hollow, müsste sie demzufolge eigentlich bereits seit Jahren kennen und sie zum Beispiel – wie fast alle Bewohner – duzen (was hier zudem noch ein technischer Synchronisationsfehler ist). Dies ist aber erst so, als er zu »Kirk« wird.

Staffel 1, Folge 3: Richard und Emily sprechen über Richards

Mutter Lorelai »Trix« Gilmore in der Vergangenheit, das heißt als ob sie schon tot wäre – allerdings tritt sie ja in den späteren Folgen mehrmals auf und verstirbt dann erst in Staffel 4.

Staffel 1, Folge 15: Der Gemüsehändler Jackson stellt sich im Buchladen als »Jackson Melville« vor – in späteren Folgen wird er (und damit auch seine spätere Frau Sookie) allerdings »Jackson Belleville« benannt.

Staffel 2, Folge 5: Jess Mariano wird als Lukes Neffe in die Serie eingeführt. Luke erzählt Lorelai, dass Jess' Vater die Familie zwei Jahre zuvor (Jess war damals 15) verlassen hat. Als Jimmy Mariano aber in Staffel 3 bei Luke auftaucht, ist die Rede davon, dass er Jess und dessen Mutter bereits verlassen hätte, als Jess noch ein Baby war, und dass er ihn seitdem nicht mehr gesehen hat.

Als Ausklang: zwei Interviews

Ein Gespräch mit der Genderforscherin Heike Mißler von der Universität des Saarlandes

Lassen sich die Gilmores einer feministischen Strömung zuordnen?

Die Serie schreibt zwar direkt in der Pilotfolge feministische Diskurse in die Beziehungen der Hauptdarstellerinnen hinein, etwa durch die Tatsache, dass die rebellische 16-jährigen Lorelai ihre ungewollte Schwangerschaft austrägt, ohne den Vater ihrer Tochter zu heiraten, ihr Kind nach sich selbst benennt, weil Männer dies ja auch ständig tun, und sich selbst und Rory ohne die Hilfe ihrer Eltern großzieht. Gleichzeitig aber profitiert Lorelai immer schon von einem dicht gewebten (wenn auch unsichtbaren) Sicherheitsnetz, einer soliden schulischen Erziehung, und einer vollständigen Integration in das Sozialleben einer reichen Kleinstadtgemeinde. Der Feminismus der *Gilmore Girls* ist also ganz klar ein Produkt der weißen Mittel- bzw. Oberschicht.

Die Figur der Lorelai Gilmore wird einerseits als eine emanzipierte Frau gezeigt, andererseits sind ihre Wertvorstellungen sehr konventionell und wirken zum Teil sogar bieder. Wie erklären Sie sich diese Widersprüche?

Lorelai Gilmore ist einerseits der Charakter, der am stärksten die sozialen Praktiken der amerikanischen Oberschicht, repräsentiert durch ihr wohlhabendes Elternhaus, kritisiert, aber andererseits in der Erziehung ihrer Tochter Rory ähnliche Maßstäbe setzt wie ihre eigenen Eltern damals für sie. Schon im Pilot wird dieser Zwiespalt deutlich, wenn Rory nicht auf die teure Privatschule gehen will (die ihr den späteren Einstieg in eine Elitehochschule erleichtern würde), weil sie einen Jungen auf ihrer High School kennengelernt hat. Lorelai beschuldigt Rory sofort, sie sei so naiv wie sie selbst damals, als sie ungewollt schwanger wurde. Rory weist diesen Vergleich kategorisch zurück, entscheidet sich dann aber doch erst mal für den schulischen Karrieresprung. Eines der grundlegenden ideologischen Konstrukte hinter der Serie, das die Charakterkonstellationen maßgeblich beeinflusst, ist der »American Dream« – das Streben nach Selbstverwirklichung und der feste Glaube daran, dass man seinen Traum von sozialem Aufstieg und Reichtum realisieren kann, wenn man hart und unerlässlich arbeitet. Diese Grundeinstellung gibt der Serie Struktur (Lorelais eigene Laufbahn entspricht diesem Klischee, und Rorys Zukunft wird von Anfang der Serie bis zu ihrem Ausstieg aus Yale davon bestimmt), sorgt aber auch gleichzeitig dafür, dass konservative Werte, wie zuweilen auch von Lorelai vertreten, immer wieder auftauchen und die Entscheidungen der Protagonistinnen bestimmen. Natürlich ist auch der American Dream, ähnlich wie der Feminismus der Serie, ein ideologisches Konstrukt, das sowohl soziale Klasse als auch Ethnie als Faktoren für persönlichen Erfolg unsichtbar macht. Es gibt nur einen Charakter, der es trotz seiner Zugehörigkeit zur unteren

Mittelschicht durch harte Arbeit und seinen Intellekt schafft, sich beruflich zu verwirklichen, und das ist der soziale Außenseiter und Quertreiber Jess Mariano, Rorys zweite Jugendliebe.

Welche Rolle spielt Sexualität in der Serie? Wie wird sie dargestellt? Und welche Rolle spielt »das erste Mal«? Rorys Sex mit dem verheirateten Dean, Lanes erst als verheiratete Frau in ihren Flitterwochen, Paris' mit ihrem Freund Jamie – aber so richtig glücklich werden sie damit alle nicht, oder?

In Sachen Sex hält sich die Serie an das, was amerikanische Medien gerne als »family values« bezeichnen. D. h.: Sex ist verwerflich, wenn er nicht innerhalb der Ehe (oder zumindest ehe-ähnlicher Beziehungen) stattfindet. Selbst dann hat er oft ungewollte und negative Konsequenzen. Abgesehen davon, dass es in der Serie geradezu von ungeplanten Kindern wimmelt (Lorelais Tochter Rory, Sookies drittes Kind, Lukes Tochter aus einer früheren Beziehung …), könnte man fast behaupten, dass die Serie vor allem ihre jungen Charaktere für ihre ersten sexuellen Erfahrungen bestrafen möchte: Lane wird ungewollt mit Zwillingen schwanger und muss ihre Musikerinnenkarriere erst einmal aufgeben, nach Rorys erstem Mal mit Dean zerbricht nicht nur dessen Ehe, sondern auch Rorys enges Verhältnis zu Lorelai liegt erst einmal auf Eis, und Paris' erstes Mal wird von den Serienmachern mit einem für sie traumatischen Erlebnis verknüpft: Sie erfährt, dass Harvard ihre Bewerbung abgelehnt hat und sie somit den hohen Erwartungen ihrer Familie nicht gerecht werden kann. Natürlich stehen die beiden Ereignisse in keinem logischen Zusammenhang, werden aber dadurch zusammengebracht, dass Paris sie bei einem Vortrag vor laufenden Fernsehkameras erwähnt. Dies dient klar als humorvolle Einlage – die Tatsache, dass es Paris war, die ihre Jungfräulichkeit verloren hat, und nicht ihre brave Tochter Rory, ruft aber bei Lorelai in erster Linie totale Erleichterung hervor. Die Serie baut also durch diese Reihung von unglücklichen ersten Malen einen narrativen Zusammenhang zwischen jugendlichem Sex und dem Verlust von Idealen, Erfolgschancen, und Zukunftsträumen auf. Dies kann klar als erhobener Zeigefinger gesehen werden, denn obwohl die männlichen Sexualpartner auch unter den ungewollten Folgen leiden, hat ihre Sexualität für sie zumindest keine direkten Auswirkungen auf ihre schulischen und beruflichen Karrieren. Einerseits wird dadurch natürlich auf gewisse Doppelstandards aufmerksam gemacht. Andererseits kann man argumentieren, dass die Serie trotz ihrer feministischen Grundausrichtung diese Doppelstandards eher perpetuiert statt sie zu durchbrechen.

Was halten Sie davon, dass die gleichgeschlechtliche Liebe gar nicht thematisiert wird? Passt das nicht ins Heile-Welt-Gefühl von Stars Hollow? Und ist das nicht im 21. Jahrhundert ein Skandal?

Die Schöpferin und Produzentin der Serie, Amy Sherman-Palladino, hat in einem Interview mit der Zeitschrift *Huffington Post* einmal so argumentiert, dass erstens die TV-Landschaft Ende der 90er noch nicht bereit gewesen sei für gleichgeschlechtliche Charaktere und man zweitens schon manche Charaktere als queer bezeichnen könnte, auch wenn deren Liebesleben als solches nicht thematisiert wurde. Wenn man nun bedenkt, dass *Gilmore Girls* sich diese Fernsehlandschaft ab 1998 mit *Sex and the City*, und ab Anfang des neuen Millenniums mit Serien wie *Queer as Folk* oder *The L-Word* teilt, scheint mir das schon eher eine Ausrede zu sein. Auch die zweite Erklärung ist meines Erachtens unbefriedigend. Einer der wenigen nicht weißen Charaktere der Serie, Michel Gerard, könnte mit seinem übertrieben affektierten französischen Akzent und wegen seines stets extrem gepflegten Auftretens und seiner abgöttischen Verehrung von Céline Dion als queerer Stereotyp gelesen werden. Die Serie verweigert Michel jedoch jegliche Form von Sexualität, und romantische Erfüllung bekommt er maximal in Form der innigen Beziehung zu seinen Hunden. Manche Stimmen bezeichnet die Serie sogar als gradezu homophob, da z. B. das Wort »gay« oft als negatives Adjektiv verwendet wird. Meiner Meinung nach ist diese strikte Heteronormativität, zusammen mit dem Mangel an Diversität das ganz große Manko der Serie. Es hätte Amy Sherman-Palladino sicherlich ganz gut getan, einmal mit Shonda Rhimes Kaffee trinken zu gehen – deren Serien verhandeln oft ähnliche Themen, sind aber um einiges bunter und repräsentativer.

Welche Genre-Klischees bedient die Serie?

Ich würde die Serie eindeutig in die sogenannte »chick culture« einordnen. Der Begriff wurde von zwei amerikanischen Wissenschaftlerinnen, Suzanne Ferriss und Mallory Young, geprägt und beschreibt die Flut von popkulturellen Texten und Produkten, die seit Mitte/Ende der 90er und bis in das neue Jahrtausend hinein die Medienlandschaft dominieren. Adressaten der »chick culture« sind, wie der Name schon verrät, in erster Linie (junge) Frauen. Der Begriff ist natürlich negativ belegt, da mit der Verwendung der Verniedlichung »chick« (zu Deutsch: Hühnchen/Küken) automatisch eine kulturelle Abwertung einhergeht. Amy Sherman-Palladino würde diese Einordnung sicher ablehnen – für sie ist das Genre der »screwball comedy« prägend für ihre Serie. Dies passt aber ebenfalls ausgezeichnet in die »chick culture«, denn ein grundlegendes Merkmal beider Genres ist deren Humor. Beispiele sind *Bridget Jones* und *Sex and the City*, die Romane von Jennifer Weiner, Sophie Kinsella, Marian Keyes etc., oder romantische Komödien à la *Natürlich Blond* oder *10 Dinge, die ich an Dir hasse*. Diese Texte sind ganz klar formelhaft – es geht immer, auch in *Gilmore Girls*, um ein Streben nach Glück und um ein Happy End. Dies erscheint hauptsächlich natürlich in Form von romantischer Erfüllung durch das Finden von Mr. Right, aber auch in beruflichem Erfolg.

Ein Gespräch mit dem Medienwissenschaftler Dr. Herbert Schwaab von der Universität Regensburg

Die Wertvorstellungen der Serie sind einerseits modern (emanzipierte Frau), andererseits sehr konventionell und wirken zum Teil sogar bieder (kein Happy End ohne Traumhochzeit). Wie erklären Sie sich das?

Die Figuren der Serie sind sich dessen bewusst, dass es das Ideal der romantischen Liebe nur als (mediales) Konstrukt gibt. Sie streben danach und zeigen doch auch eine andere Seite: Lorelai ist gerade nicht die perfekte Hausfrau. Sie kann nicht kochen. In ihrem Zuhause herrscht meist Chaos. Sie will selbstständig sein, sie muss arbeiten. Die finanziellen Probleme werden offengelegt. Hier wird nichts verdrängt oder idealisiert, sondern im Gegenteil die reellen Probleme einer alleinerziehenden Mutter gezeigt. Daneben gibt es natürlich ihre romantischen Vorstellungen von der großen Liebe, die ebenfalls erfüllt werden sollen. Beides kommt zusammen und steht in Kontrast zueinander. Wie im richtigen Leben.

In der Serie dient die Kleinstadt als Familienersatz, weil die

Familie der Figuren wenig Geborgenheit vermittelt. Zeigt sich hier nicht ein modernes Gesellschaftsbild, in dem traditionelle Familienstrukturen aufgebrochen und neue nichtfamiliäre Bindungen gestaltet werden, ja eine geradezu utopische Situation?

Das Utopische verweist ja immer auf einen Nicht-Ort. Es gibt sie nicht wirklich, diese Kleinstadtwelt. In Stars Hollow wird eine perfekte Gemeinschaft entworfen, ein Idealtypus der Kleinstadt, in dem sich Menschen begegnen, wo jeder lebt, wie er möchte und die meisten Lebensformen anerkannt sind.

Aber keine gleichgeschlechtliche Liebe, zum Beispiel.

Das stimmt. Aber darüber hinaus ist es ein sehr toleranter Mikrokosmos, in dem die unterschiedlichen Menschen leben. Zudem spiegelt sich in Stars Hollow eine spezielle amerikanische Sehnsucht nach der kleinen Gemeinschaft wider. Amerikanische Städte sind anonymer, weniger gewachsen wie europäische Gemeinden. Das in der Serie portraitierte Kleinstadtleben entspricht hier also noch weniger der Realität als in Deutschland.

Lorelai hat eine sehr enge Beziehung zu ihrer Tochter Rory. Ist dies neben den aufbrechenden Familienstrukturen der andere moderne Trend, den die Serie bedient: die Mutter als beste Freundin?

Definitiv. In den *Gilmore Girls* wird dieser Generationskonflikt sehr schön angesprochen. Die Serie reflektiert, dass die Beziehung zwischen Eltern und Kindern sich tatsächlich verändert hat. Lorelai hat eine komplett andere Beziehung zu ihrer Tochter als ihre Mutter zu ihr. Es geht nicht mehr um Autorität, es geht um gegenseitige Erziehung.

In einem Artikel nennen Sie die Gilmore Girls als Beispiel für die »Nachhaltigkeit mancher Serien«. Können Sie erklären, was Sie damit meinen?

Wenn man sich intensiver mit der Serie beschäftigt, fällt auf, dass gerade Kleinigkeiten eine große Rolle spielen. Nehmen Sie den Moment, in dem Luke realisiert, dass er mit Lorelai zusammen sein will. Er hört eine Kassette, einen Beziehungsratgeber. Bei jeder Frage, die gestellt wird, weiß der Zuschauer, dass er sich jetzt eine Szene mit Lorelai vorstellt – denn er war dabei. Vieles von dem, was beiläufig passiert, bekommt auf einmal eine größere Bedeutung. Die Serie hat einen langen Atem, sie stellt Verbindungen her. Nicht offensichtlich, sondern in vielen Details.

Die Interviews führte der Reclam Verlag. Die vollständigen Interviews sind unter www.reclam.de/detail/978-3-15-020445-0 abrufbar.

Staffel 7, Folge 7 (»Die letzte Klappe«) – Luke's Diner, letzte Szene

Rory: »Der Kaffee riecht gut!«

Lorelai: »Hallo alter Freund!«

Luke: »Wie ist er?«

Lorelai: »Die erste Kanne ist bei dir immer die beste!«

Rory: »Danke, dass du so früh aufgemacht hast!«

Luke: »Hey, ich verwöhn doch gern meine besten Kunden! Wisst ihr schon, was ihr wollt?«

Lorelai: »Oh, hm. Ich hab keine Ahnung.«

Rory: »Die Karte sieht ansprechend aus.«

Lorelai: »Oh ja, so richtig ansprechend und charmant.«

Rory: »Sehr charmant, eine wunderbare Schrift!«

Lorelai: »Es müsste Bilder geben. Also, ich weiß es noch nicht genau. Ich kann mich nicht entscheiden.« (*lächelt Luke an*)

Luke: »Lass dir alle Zeit der Welt.« (*lächelt Lorelai an*)

Lorelai: »Aber hau uns doch schon mal ein paar Eier in die Pfanne, mit Speck und Bratkartoffeln!«

Luke: »Wird gemacht!«

Lorelai: »Und Pancakes!«

Lektüretipps

Beim Egmont VGS Verlag sind bei erstmaliger Ausstrahlung der Serie die dazugehörigen Jugendromane (autorisiert) zu den Folgen in 18 Bänden von verschiedenen Autoren erschienen.

Berman, A. S.: The Gilmore Girls Companion. Albany 2015. [englisches Sachbuch.]

Carlson, K.: Eat Like a Gilmore: The Unofficial Cookbook for Fans of Gilmore Girls New York 2016. [englisches Kochbuch.]

Crusie, J.: Coffee at Luke's: An Unauthorized Gilmore Girls Gabfest. Dallas 2007. [englische Essays.]

Graham, L.: Lieber jetzt als irgendwann. Frankfurt a. M. 2015. [Roman.]

– Talking as fast as I can. New York 2016. [Sachbuch.]

Kreienbaum, M. A. / Knoll, K.: Gilmore Girls – mehr als eine Fernsehserie? Opladen 2011. [Sachbuch.]

Osteried, P.: Sieben Jahre in Stars Hollow – der inoffizielle Guide zur Serie. München 2013.

Links

Die offiziellen *Gilmore Girls*-Kanäle in den sozialen Netzwerken:

facebook.com/GilmoreGirls/
twitter.com/GilmoreGirls
instagram.com/Gilmoregirls/

Auf Instagram lohnt es sich, auch den Hauptdarstellern zu folgen, die dort Schnappschüsse vom Dreh sowie aus ihrem Privatleben veröffentlichen.

Inoffizielle Fan-Memes, lustige Grafiken und Schnappschüsse gibt es unter dem Stichwort »Gilmore Girls« auf Pinterest.com.

Sehr viele Hintergrundinformationen und v. a. aktuelle Interviews mit den Haupt- und auch Nebendarstellern sind auf Gilmorenews.com nachzulesen.

Viele weitere Informationen, Trailer und Interviews mit den Schauspielern sind auf den Kanälen des amerikanischen Streaming-Anbieters Netflix zu finden.

Eine reine Fan-Wikipedia gibt es auf der amerikanischen Seite Gilmoregirls.wikia.com/wiki/Gilmorepedia – diese Informationen sind allein von Zuschauern zusammengetragen.

Für Leser kostenlose Zusatzinhalte wie die komplette Film- & Songplayliste sowie Skripte und weitere Specials gibt es unter Buchkolumne.de/GilmoreGirls

Quellennachweise

S. 35–37: decider.com/2016/03/25/Gilmore-girls-kirks-jobs/; S. 56–62: Link auf 339 Titel inkl. Theaterstücke und Drehbücher im amerikanischen Original: buzzfeed.com/krystieyandoli/all-339-books-referenced-in-Gilmore-girls; S. 49: buzzfeed.com/emilyorley/liza-weil-how-to-get-away-with-murder; S. 83: ew.com/article/2014/10/21/Gilmore-girls-thousand-yellow-daisies; S. 51: crushable.com/2008/12/16/entertainment/what-would-jess-show-have-been-like/; S. 56: nymag.com/nymetro/arts/tv/10178/; S. 84: buzzfeed.com/kateaurthur/why-alex-borstein-is-exactly-where-she-wants-to-be; S. 51: people.com/people/article/0,,1210486,00. html; S. 84: gilmorenews.com/2015/07/28/how-amy-sherman-palladino-affected-american-demographics/; S. 86: bustle.com/articles/141080-9-actors-who-played-two-different-characters-on-Gilmore-girls